キミの一歩

イタリア

夢につながる
うねうね道

佐藤まどか

もくじ

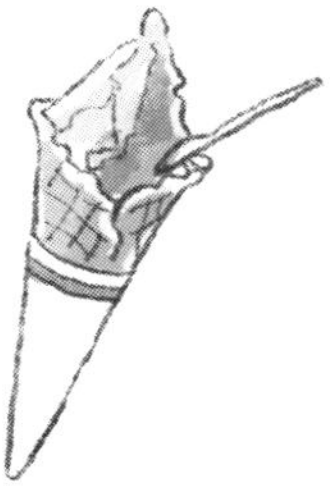

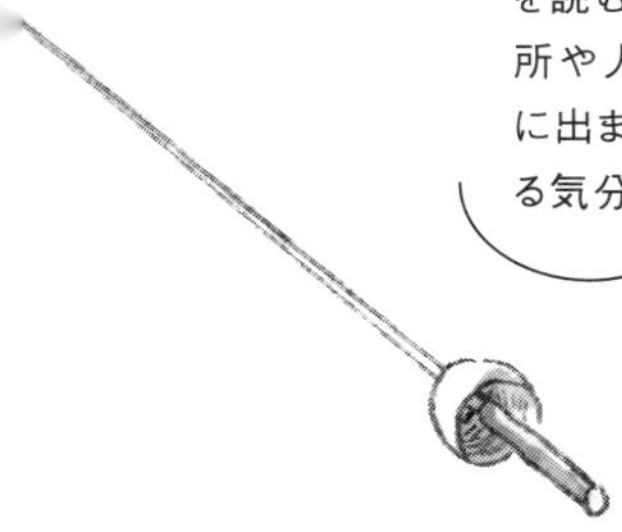

わたしは、熱々《あつあつ》のカプチーノを片手《かたて》にエッセイを読むのが大好きです。エッセイで他の場所や人、時代を知り、楽しい疑似《ぎじ》体験の旅に出ます。このエッセイでイタリアを旅している気分になってくれたらうれしいです。

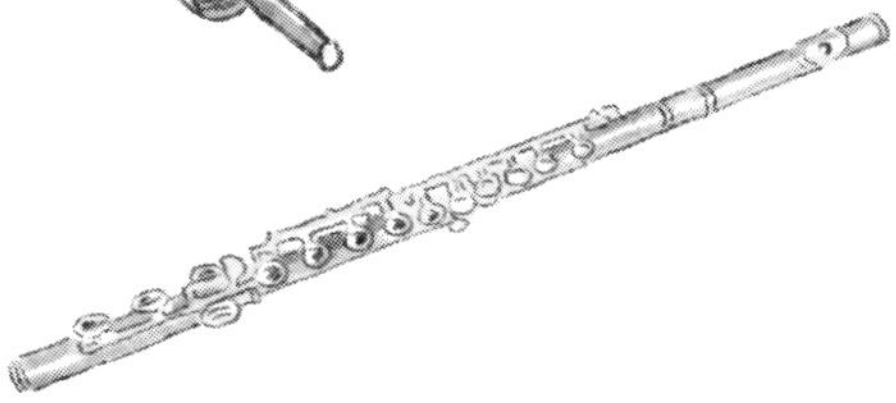

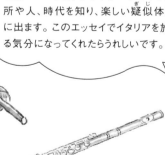

中学校編《へん》＋少し高校編《へん》 ―― 97

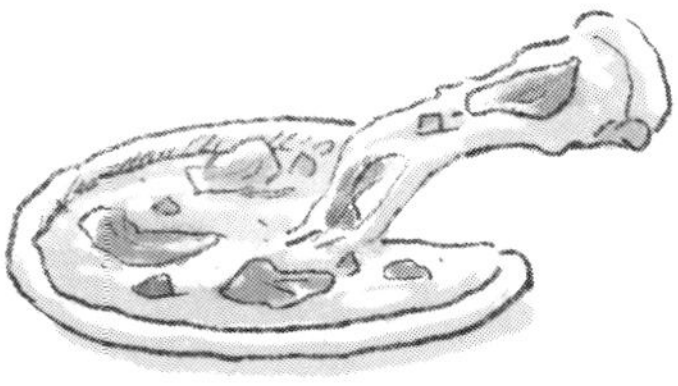

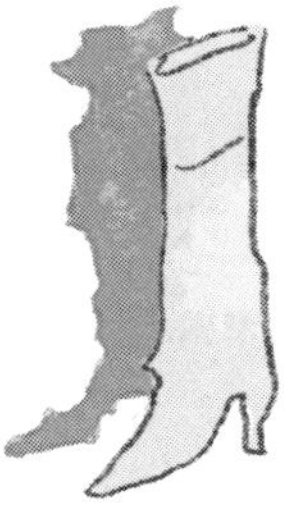

はじめに

イタリアへ留学《りゅうがく》しに来てから、長い年月が過《す》ぎました。

本当にあっという間でした。

なぜイタリアだったのかというと、そのころ、イタリアはプロダクトデザイン分野で群をぬいていたからなのです。

わたしは、あまり幸せな子ども時代を送りませんでした。

病弱だった兄とちがって、わたしは放任《ほうにん》されていました。両親の離婚《りこん》後、札幌《さっぽろ》にいた父にあずけられたもののうまくいかず、母と兄のいる東京にもどりました。九歳《さい》から家事をやる良い子でしたが、だんだん反抗的《はんこうてき》な性格《せいかく》になり、登校拒否《きょひ》もしたし、家出をしたこともあります。

あるとき、小さな捨《す》てネコをひろいました。自分に寄《よ》りそってくれる唯一無二《ゆいいつむに》の存在《そんざい》を、溺愛《できあい》しました。

残念ながら高校三年生のときにそのネコが病死し、直後に母が再婚《さいこん》相手と海外にふらりとバックパッカーの旅に出たきり、二年ほど帰ってきませんでした。それはインターネットのない時代。たまに移動先《いどうさき》から絵葉書が来るのですが、こちらからは連絡《れんらく》できなかったのです。

その二年間に、わたしは一大決心をして、イタリア留学《りゅうがく》のための準備《じゅんび》を始めました。これがわたしの人生を大きく変えたことは、いうまでもありません。

海外に留学《りゅうがく》したというと、きらびやかなイメージを思いうかべるかもしれませんが、実際《じっさい》はその逆《ぎゃく》。

東京からミラノまでは、当時一番安かったアエロフロート・ソ連航空《こうくう》の片道《かたみち》チケットで、荷物は大きなボストンバッグひとつでした。

ソビエト連邦《れんぽう》時代のモスクワ乗りかえで、ライフルを構《かま》えた兵士《へいし》にかこまれて移《い》動《どう》し、黒い森の前のホテルに一泊《ぱく》したことは、貴重《きちょう》な経験《けいけん》でした。

翌朝《よくあさ》ミラノに着いたものの、まだインターネットが事実上なかった時代ですから、予約していた女子寮《じょしりょう》にたどりつくだけでもひと苦労でした。

イタリア語はだいたいマスターしてきたつもりでしたが、ミラノにはいろんな地方からの人も多く、なまりが強くて聞きとれないこともしばしばあり、青くなりました。

デザインアカデミーの授業《じゅぎょう》が始まるまであと三か月。その間にリスニングをきたえねばなりません。幸い、語学学校をふたつかけ持ちし、イタリア南部から来た女性《じょせい》とルームシェアをしたおかげで、めきめきとリスニングが上達したのです。

奨学金《しょうがくきん》を取得《しゅとく》していたのですが、親からの仕送りはなかったので、ケチケチしながらなんとか暮《く》らしました。

日本食材を買ったり日本食レストランに行ったりする余裕《よゆう》はなく、好物のさぬきうどんや納豆《なっとう》を食べるのは、夢《ゆめ》のなかでだけ。

高いのでめったに買えなかったしょうゆをやっと手にいれたときは、スパゲッティにちょっとだけかけたり、具がキャベツだけのお好み焼きにとろけるチーズをのせてしょうゆをかけたり。

アカデミーが始まると、世界各国から集まっている優秀《ゆうしゅう》な学生たちに圧倒《あっとう》され、すっかり自信をなくしました。

授業《じゅぎょう》がむずかしすぎて、録音したものをくりかえし聴《き》いていたので、いつも寝不足《ねぶそく》でした。

なにもかもがうまくいかず、あまりにつらくて、真夜中においおい泣きました。

自分で選んだ道だって、泣きたくなることはあります。

それでも、夢《ゆめ》を持っていました。

だからなんとか耐《た》えられたのだと思います。

夢《ゆめ》なんか持つな、現状《げんじょう》で満足しろ、という大人を信用してはいけません。おそらくその人は、夢《ゆめ》を持たずとも暮《く》らせる恵《めぐ》まれた人なのでしょう。

あなたの夢《ゆめ》をバカにしてくる人を相手にしてはいけません。

だれにだって、夢《ゆめ》を持つ権利《けんり》があります。

今が大変な人は、夢《ゆめ》を持つ必要があります。

「この状況《じょうきょう》から逃《のが》れる」「とりあえず目の前の壁《かべ》を乗りこえる」というような、具体的な目標でもいいのです。小さな夢《ゆめ》。大きな夢《ゆめ》。変わる夢《ゆめ》。

わたしたちには夢《ゆめ》が必要です。

夢《ゆめ》は希望です。

希望を失わずにいれば、未来をあきらめずに、現状《げんじょう》とたたかうことができます。


さて、インターネットのない時代に、よく知りもしないイタリアまで夢《ゆめ》を追って来たわたしですが、けっこうひどい目にもあいました。

ひったくりに二回あいました。ロマ（流浪《るろう》の民）にかこまれたことは何度もあります。見知らぬ男におそわれそうになったこともあるし、親切そうなおばあさんにだまされたこともあります。これらはすべて最初の一年間に起きたこと。

それ以来、こういうひどい目にはあっていません。身を守る術《すべ》を学びましたから。

スマホなどはもちろんない時代だったので、銀行で、市役所で、郵便局《ゆうびんきょく》で、重い辞書を片手《かたて》にいつも必死に交渉《こうしょう》しました。どんなトラブルも、ひとりで解決《かいけつ》するしかなかったのです。

交通事故《じこ》で死にそうになったことも、大病で入院したこともあります。海外で死を覚悟《かくご》するのは、おそろしくさびしいものです。

すべてにつかれてしまい、日本に帰りたくなることもありました。

それなら、なぜ残ったのでしょうか。

イタリアには、残りたいと思うほどの宝《たから》がたくさんあったのです。

ルネッサンスを中心にした芸術《げいじゅつ》。いきいきしたデザイン。見事な職人技術《しょくにんぎじゅつ》。すばらしい景色。二千年以上昔の偉大《いだい》な遺跡《いせき》。豊富《ほうふ》な食材とおいしい料理。温かいイタリア人たち。後《のち》の夫といっしょに立ち上げたデザインスタジオ。

そしてなんといっても、娘《むすめ》。

わたしにとって、一番の宝《たから》です。

途中《とちゅう》でひっこしたトスカーナの丘《おか》は、子育てと創作《そうさく》に最適《さいてき》のところでした。

このエッセイで、娘《むすめ》の成長ぶりを通して、イタリアのことをご紹介《しょうかい》したいと思います。日本のみなさんとは、ずいぶんちがう学校生活でしょう。

なお、プライバシーを侵害《しんがい》しないため、わたしの家族をふくめ全員仮名《かめい》にしましたが、登場するのはみな実在《じつざい》する人たちです。

それでは、イタリアへようこそ！

小学校編《へん》

丘《おか》の上の小さな小学校
（五年《ねん》制《せい》・通常《つうじょう》六歳《さい》～十一歳《さい》）

1 チャオ、アンナ！

1・1 ―― ミラノで生まれた杏奈《あんな》

当時、わたしはミラノ市内で夫とプロダクトデザインスタジオをやっていて、とてもいそがしかった。仕事を家にもちかえり、なんと出産前日までアラーム時計のデザインをしていた。

「おかあさんのいない外国で出産するなんて、不安でしょう？」

と、よく聞かれたが、出産そのものの心配はしていなかった。夫は協力的どころかまるで自分が産むかのような勢《いきお》いだったし、ミラノの産科専門《せんもん》病院では良い先生に恵《めぐ》まれ、安心していた。

イタリア生活も十年以上になり、ほぼイタリア語しか使わない生活だったので、医師《いし》とのコミュニケーションでこまることもなかった。

しかし、お産は想像《そうぞう》以上に大変だった。もともと低血圧《ていけつあつ》で貧血《ひんけつ》気味なのだが、出産直後はますます具合が悪かった。翌《よく》朝《あさ》、ベッドから立ち上がったときに貧血《ひんけつ》を起こして、バッタリ倒《たお》れてしまったのだ。幸い、となりのベッドの女性《じょせい》がわたしを抱《だ》きかかえてくれたおかげで、床《ゆか》に頭をぶつけなくてすんだ。彼女《かのじょ》も出産したばかりで大変だったはずだが、あわててかけよってくれた。なんて優《やさ》しいのだろう。

大部屋にしておいて、つくづく良かったと思う。あのまま頭を強打していたら、どうなっていただろう。それに、みんなとしゃべりながら不安や痛《いた》みをのりこえるほうが、ひとりぼっちで夜を過《す》ごすより心強い（家族は夜になると病院から追い出される）。

さて、生まれた赤ちゃんは女の子だった。わたしと夫は女の子を望んでいたので、大喜《おおよろこ》びだった。短いイタリア名と短い日本名のダブルネームにしたが、ここではとりあえず「アンナ＝杏奈《あんな》」と呼《よ》ぶ。

病院で赤ちゃんのとりちがえをするという日本のドラマを観《み》たことのあるわたし

は、娘《むすめ》の顔を覚えようと決めていた。

杏奈《あんな》が生まれたのは夜中の一時半ぐらいだったし、わたしはぐったりしていたが、看護師《かんごし》さんが「ドクター、大変です！ 赤ちゃんのおしりに大きな青アザが！」とあわてたときは、プッと笑いそうになった。

そうか、パパはイタリア人だけど、しっかり蒙古斑《もうこはん》をつけて生まれてきたのか！と、感心していると、夫より先に医師《いし》が説明してくれた。

「ああ、それはアジアの赤ちゃんならほぼみんな持っているものだ。数年で消えるだろうから心配はいらない。おとうさん、おかあさん、そうでしょう？」

わたしはこっくりうなずいた。

青いアザをつけて生まれてきた杏奈《あんな》を初めて抱《だ》いたときは、感動とかなんとかよりも、達成感でホッとした。

杏奈《あんな》のまぶたははれていて、顔は自分にも夫にも似《に》ていないように見えた。何か月も温かい羊水の中で暮《く》らしていたのだから、生まれたての赤ちゃんのまぶたは、パンパンにむくんでいるのがふつうらしい。

それはともかく、とりちがえの心配はなかった。蒙古斑《もうこはん》うんぬん以前に、赤ちゃんと母親に同じ番号のブレスレットをつけてくれるからだ。

翌朝《よくあさ》、最初の授乳《じゅにゅう》で看護師《かんごし》さんがカートにずらりとのせられた赤ちゃんを連れてきたとき、わが目を疑《うたが》った。杏奈《あんな》の顔のむくみが、すっかり引いていたのだ。

わあ、なんてかわいいんだろう！

それが第一印象《いんしょう》だった。

もっとも、九か月もの間苦しんでやっと産んだ子なのだから、どんな子でもかわいいと思ったにちがいない。

お腹《なか》のなかで、わたしの意志《いし》に反して勝手に動くエイリアンのような存在《そんざい》だった相手。それがついに体外に出て、ひとりの人間として存在《そんざい》している。

小さな小さな手をぎゅっとにぎって、ほかの白人の子たちとはちょっとちがう顔をした杏奈《あんな》が、そこにいた。

退院後《たいいんご》わたしは高熱を出してしまい、てんやわんやの数日だったが、なんとか新米ママの義務《ぎむ》を果たした。しかし杏奈《あんな》が毎晩《まいばん》真夜中に泣くので、こっちが泣きたくなった。

眠《ねむ》いのに起きて、夫と交代で泣く子をあやし、「やれやれ、自分は親になったのだな」とつくづく思った。親としての自覚というのは、子育ての苦労を味わいながら、じわじわと育っていくものらしい。

子育てって、なんて大変なんだろう！

毎日そう思った。

夫が子育てに積極的に参加したので助かったが、家のなかで早々《そうそう》に仕事を再開《さいかい》したわたしはおそろしく寝《ね》不足《ぶそく》で、二人目はもう無理だなと実感した。

何人も育てている人を見ると、心から尊敬《そんけい》してしまう。

1-2 ―― ベビーシッター？

赤ちゃん時代の杏奈《あんな》は、髪《かみ》の毛がクリンクリンでまつ毛が長く、まるでアニメのキャラのようだった。

イタリアでは、妊婦《にんぷ》さんはとびきり大事にされるし、マンマ（イタリア語のママ）

がベビーカーを押《お》していると、ちやほやされる。杏奈《あんな》を公園に連れて行くと、よく中高年の女性《じょせい》たちにかこまれた。

そしてわたしは毎回「ベビーシッターのおじょうさん」と呼《よ》ばれた。杏奈《あんな》がパパ似《に》だったからだろう。それに、ミラノには東南アジア系《けい》のお手伝いさんやベビーシッターさんが多いし、アジア系《けい》の人はひとまわり若《わか》く見られるため、アルバイトに見られたのかもしれない。

最初はそんなことにいちいち傷《きず》つき、「いえ、わたしはこの子のママです!」などと鼻息も荒《あら》く答えていた。

そのうちに、ひがんでいてもしかたがないので、堂々《どうどう》と「わたしはこの子のマンマで日本人ですが、パパがイタリア人なんですよ」と、ニコニコしながらいうようにした。すると、おどろくほど相手の対応《たいおう》が変わった。

「そういえば、あなたにも似《に》ているわ!」とかなんとか。

育つにつれ、杏奈《あんな》はだんだんアジア系《けい》の顔つきになり、わたしとは「ベビーシッターと赤ちゃん」の関係から、「マンマらしき人と赤ちゃん」になっていった。

1-3 ―― 都市から田舎《いなか》へ

夫の強い希望で、わたしたちは空気と治安の悪いミラノからトスカーナ州の丘《おか》に引《ひ》っ越《こ》した。ファッションやデザインの街から、ワインと羊のチーズの地へ。灰色《はいいろ》から緑へ。

ミラノ生まれのくせに街ぎらいの夫と、三歳《さい》だった杏奈《あんな》は大喜《おおよろこ》びだった。

田舎《いなか》とはいえ、街までは丘《おか》のあいだをぬって車で十分ほど。家の前と後ろには視《し》界《かい》をさえぎるものがなく、窓《まど》の外は大きな空と連なる丘《おか》だ。自然を味わえるわりには、街までも近い。

それでも、都市にしか住んだことのないわたしには、じゅうぶんすぎるほどワイルドだった。

最初のころは、野生動物がとてもめずらしかった。サファリパークにでも来た気分で、

「わああ、ノロジカだ！　ノロジカがいる！」

などとさけび、家族で望遠鏡を取りあってさわいだものだ。

農家の羊がカラコンコロンと鐘《かね》を鳴らしながら草をはむ。ここに来てはじめて、オスの羊の鳴き声はメエエではなく、やけに野太い声のベエエであることを知った。窓《まど》の外のこの景色を見ていると、世界はずっと平和だという気がしてくる。

問題は、夜が暗すぎること。

あたりまえなのだろうが、想像《そうぞう》以上にこわかった。月明かりのない日は、ほんとうに奈落の底かと思うほど、外がまっくらなのである。

しかし、月明かりで丘《おか》がこうこうと照らされているときは、こわくないどころか、うっとりするほど詩的な光景だ。

もうひとつの問題は、夜が静かすぎること。

しーん、というマンガの吹《ふ》き出しが見えてきそうな圧倒的《あっとうてき》静けさ。天気の悪い日は野鳥や虫もかくれているから、風や雨の音以外なにも聞こえてこない。救急車《きゅうきゅうしゃ》やパトカーのサイレンも、車の音さえもまったくしない。強い風に木々《きぎ》の枝《えだ》や葉が吹《ふ》かれてザザザザーッと、まるで波の音のよう。

これもショックだった。

満月の月明かりの中、オオカミの群れが目の前の丘《おか》を走っていく姿《すがた》を目撃《もくげき》したことがある。ここイタリアでは、保護下《ほごか》にあるオオカミが年々増《ねんねんふ》えている。そのダイナミックな遠吠《とおぼ》えに反して、体はそれほど大きくない。シェパード犬よりは大きく、土佐犬よりは小さいといったところか。ハイイロオオカミとも呼《よ》ばれている。

初めてオオカミの遠吠《とおぼ》えが聞こえてきたとき、杏奈《あんな》が目を覚ましてこわがるかと心配したが、むしろ感動していた。あきらかに犬とはちがう、丘中《おかじゅう》に響《ひび》きわたるようなパワフルな遠吠《とおぼ》えに、ロマンを感じたらしい。

ただし翌日《よくじつ》、山のほうに住んでいる友だちから「家畜《かちく》がおそわれた」と聞いて、杏奈《あんな》は首をすくめていた。ロマンと恐怖《きょうふ》は、背中合《せなかあ》わせのことが多いようだ。

そういうワイルドな場所なので、窓《まど》とよろい戸を両方開けっぱなしにしていると、いろいろな生き物が入ってくる。設置《せっち》しにくい構造《こうぞう》なので、いまだに網戸《あみど》をつけていない。

招《まね》かれざる客のハチもよくやってくる。たいていはアシナガバチだが、働き者のこのハチが人を刺《さ》すことはまずないようだ。イタリアでは石工バチと呼《よ》ばれる通り、家（巣）をつくるのにいそがしいのだろう。

大きなマルハナバチもやってくる。たまに運がわるいとスズメバチ。このときばかりは逃《に》げまわる。

ある日、子ども部屋にもどった杏奈《あんな》が小さな悲鳴を上げた。「小さな」悲鳴だったた理由は、ナゾの侵入者《しんにゅうしゃ》をおどろかせたくなかったからだという。

それは、頭にハデな冠《かんむり》をつけた美しい鳥だった。全開にしていた窓《まど》から入ったらしい。

杏奈《あんな》の部屋の本だなの一角がすっかり気に入ったらしい鳥は、誘導《ゆうどう》しようとしても、なかなか出ていかなかった。

ちょっとおどかすと、何食わぬ顔つきで本だなのべつの場所にちょん、と移動《いどう》するだけで、ちゃっかりいすわっていた。まるで「ここに住むことにしたのでヨロシク」と宣言《せんげん》しているようだった。

一時間ぐらいかけて、なんとかナゾの侵入者《しんにゅうしゃ》を追い出すことに成功した。

「そういえばあの鳥、見たことがある気がするなぁ」

と、杏奈《あんな》が百科事典みたいな絵本を出してきた。

その絵本は杏奈《あんな》が大好きで、ボロボロになるまで毎日見ていたものだ。だから、絵や図が目に焼きついていたのだろう。鳥は、古代エジプトの象形文字《しょうけいもじ》にもある、有名なヤツガシラだった。

親子でその絵本を見ながら、ああだこうだと話していたら、すっかり日が暮《く》れていた。

丘《おか》を照らす月は、やけに大きい。さえぎるものもネオンもスモッグもないため、月明かりで本が読めることを、ここに来て初めて知った。

絵葉書のような夕日と満天の星がすばらしく、親子三人でよく夜空を見上げた。

夜の静けさや暗さになれてしまえば、ただ美しい場所である。

都市の暮《く》らしにすっかりなれていた杏奈《あんな》だったが、すぐに田舎《いなか》の暮《く》らしに順応《じゅんのう》した。

子どもの順応性《じゅんのうせい》には、学ぶべきことが多い。

1-4 —— 幼稚園《ようちえん》と小さな塾《じゅく》

市立の幼稚園《ようちえん》に入ってから、杏奈《あんな》は毎日おどろいていた。高いビルの日陰《ひかげ》になっていたミラノ時代の保育園《ほいくえん》とはちがって、広々《ひろびろ》した園庭の向こうには森が広がり、鳥やリスがたくさんいたのだ。

いちばん印象的《いんしょうてき》だったのは、天井画《てんじょうが》だったと杏奈《あんな》はいう。三百年前に建てられた古い屋敷《やしき》を使っていたため、高い天井《てんじょう》にはすばらしい天井画《てんじょうが》がずっと続いていた。

「ねえねえ、おかちーな」

と、杏奈《あんな》はうれしそうにいった（造語《ぞうご》が好きな杏奈《あんな》は、「おかあさん」とイタリア語の「マンミーナ（マンマちゃん）」をかけあわせた言葉をつくって、わたしをこう呼《よ》んでいた）。

「幼稚園《ようちえん》の天井《てんじょう》って、すごいんだよー。花とか天使とか、きれいな模様《もよう》とかがいっぱい描《か》いてあるの。ずっと見ていたら、首が痛《いた》くなっちゃった。あとね、庭のむこうの森に、リスがいっぱいいるんだよ！」

杏奈《あんな》は、毎朝黄色いスクールバスにいそいそと乗りこんだ。

わたしが通った東京の幼稚園《ようちえん》もなかなか良いところだったが、杏奈《あんな》の幼稚園《ようちえん》には本当におどろいた。入場料を払《はら》わないと入れないような建物のなかで、子どもたちは自由にキャーキャーさけびながらかけまわっていたのだから。

もうひとつおどろいたのが、年齢別《ねんれいべつ》のクラスではなかったこと。

三年制《ねんせい》の幼稚園《ようちえん》には二つのクラスがあったが、年齢《ねんれい》がまぜこぜになるように分けられていたのだ。

大きい子が小さい子のめんどうをみるようにしつけられるわけではなく、自由そのもの。年の差があっても、自然となかよくなるものらしい。

杏奈《あんな》は引込《ひっこ》み思案《じあん》で、クリスマス前にサンタクロースのかっこうをした人が幼稚《ようち》園《えん》でプレゼントを配るときも、みんながわれ先にプレゼントをつかんでいるのに、いちばん最後まで手を出せない子だった。

先生からこういわれたことがある。

「杏奈《あんな》はちょっとかわいそうなぐらい控《ひか》えめでシャイだから、心配になることもあるんですよ」

西洋社会においては、控《ひか》えめなことは決してほめられることではない。発言でもなんでも、積極的なほうが良しとされる。

意外なことにわたしも、十五歳《さい》ぐらいで反旗をひるがえすまでは、シャイで品行方正で控《ひか》えめだった。だから杏奈《あんな》も積極的な子に変化するかもしれないと、少々《しょうしょう》期待した。控《ひか》えめなままでは欧米《おうべい》で生きづらいため、苦労するのが目に見えていたからだ。

ともかく、幼稚園《ようちえん》で杏奈《あんな》が親しくなったのは、たまたま一学年上の女の子たちだった。入園して二年経《た》った夏に、その子たちが卒園してしまった。すると杏奈《あんな》は秋からはもう幼稚園《ようちえん》に行きたくないといいはじめた。

そのとき夫から、小学校入学時に一年だけ飛び級できる「プリミーナ」という飛び級システムがあることを知らされた。入学前に一年間塾《じゅく》に通わせたり家庭教師《きょうし》をつけたりして、二年生に編入《へんにゅう》するというものだ。

わたしは飛び級に反対だった。

「まだ五歳《さい》だよ？　遊ぶことが勉強なんじゃないの？」

だが、夫も、夫の妹も、その昔プリミーナで飛び級をしたのだと聞かされた。彼《かれ》らが飛び級をした理由は、ふたりとも三月生まれだったからだという。

イタリアでは、一月から十二月生まれで一学年を区切る。

たった三か月で一年遅《おく》れるのはもったいない、というのが義母《ぎぼ》の考えだったらしい。義母《ぎぼ》は教育関係の仕事をしていたせいか、「教育ママ」だったようだ。

わたし自身も一月生まれで、小学校低学年のときはみんなより頭一つ分小さく、いろいろと大変だったことを覚えているので、どうしようか悩《なや》んだ。

しかし、杏奈《あんな》がこういった。

「みんなと同じ小学校のクラスに入るための塾《じゅく》に行きたい！」

それで、ついに飛び級に賛成《さんせい》することにした。

こうして杏奈《あんな》は、幼稚園《ようちえん》の三年目には行かず、一年制《ねんせい》の塾《じゅく》に入った。塾《じゅく》で学び、テストに受かれば、翌年《よくとし》の秋に一年生を飛ばして二年生に転入できる。

五歳《さい》の杏奈《あんな》が入ったのは、定年で引退《いんたい》したばかりの元小学校教師《きょうし》がやっている小さなプリミーナ用の塾《じゅく》だ。毎年五人しか受けつけないため、あわてて申し込《こ》んだ。

塾《じゅく》といっても、学校の授業《じゅぎょう》とほぼ同じだ。一年生を小学校で過《す》ごすかわりにこの塾《じゅく》で過《す》ごすので、体育、音楽、美術《びじゅつ》以外は同じようなカリキュラムが組まれている。同い年の子どもたちが五人集まるこの塾《じゅく》に通い、杏奈《あんな》はたのしく勉強しながら過《す》ごした。

朝は八時半開始。途中《とちゅう》で休み時間があり、おやつを食べたり庭で遊んだりしてから、また授業《じゅぎょう》が再開《さいかい》する。そして一時に終わる。

「先生が飼《か》っているおっとりしたマレンマ犬と遊ぶのも、たのしいんだ！」

と、杏奈《あんな》は塾《じゅく》に行きたくて朝からそわそわしていたぐらいだ。

翌年《よくとし》の初夏、杏奈《あんな》は筆記と面接《めんせつ》による編入《へんにゅう》試験を受けた。

そのとき、杏奈《あんな》は小学校の校舎《こうしゃ》をすっかり気に入った。「かわいい！」という感想だった。

人より羊のほうが多そうなほど小さな市の小学校だから、校舎《こうしゃ》も小さい。斜面《しゃめん》に建てられているので表玄関《おもてげんかん》から見ると一階建て。反対側から見ると三階建て。東京の大きな小学校とくらべると、ずいぶんこぢんまりしている。

校舎《こうしゃ》は一年ほど前に建て直されたもので、外壁《がいへき》はレンガだが、窓枠《まどわく》など青をポイントカラーにしていて、なかなかすてきだ。クラシックな幼稚園《ようちえん》とは対照的だが、居心地《いごこち》の良さそうな校舎《こうしゃ》だった。

わたしが通っていた東京の学校は、いずれも味気のない白いコンクリートの校舎《こうしゃ》だった。でも、どこも設備《せつび》が整っていた。

イタリアの公立校には基本的《きほんてき》にプールがない。校庭も日本の学校のように広くない。いちいち移動《いどう》して、市営競技場《しえいきょうぎじょう》を使うことが多い。日本の公立校の校舎《こうしゃ》は、美しさよりも機能《きのう》を重視《じゅうし》しているのだろう。

ともかく、こうして試験に無事パスし、杏奈《あんな》は晴れて九月から小学校二年生に編入《へんにゅう》することになった。

1-5 ―― やっと来たね！

転入する初日、窓《まど》から手を振《ふ》ってくれた幼稚園《ようちえん》時代のクラスメイトを何人か見かけて、杏奈《あんな》はホッとして小学校行きのスクールバスに乗った。

近所のフランコも同じバスだった。

バスの真ん中にふんぞり返ってすわったフランコは、最後に乗った杏奈《あんな》をじろりと見たが、なにもいわなかった。杏奈《あんな》は、なるべく彼《かれ》の視界《しかい》に入りにくい奥《おく》の席にすわり、数分ゆられて学校へ到着《とうちゃく》した。

杏奈《あんな》はスクールバスからおりて二年A組の教室に入った。なるべく友だちのいるクラスに入れるように、学校側が配慮《はいりょ》してくれる。

幼稚園《ようちえん》時代になかよしだった子たちから「チャオ、アンナ！」「やっと来たね！」と歓迎《かんげい》され、杏奈《あんな》はうれしくてしかたなかったそうだ。

初日の杏奈《あんな》のようすを話してくれるというので、二日目に先生と面談しに行った。

そのとき、大きな子たちのあいだに埋《う》もれている杏奈《あんな》を遠目に見た。塾《じゅく》のときは五人とも同い年だったから気にならなかったが、小学校二年生のクラスに転入したら、もともと小柄《こがら》な杏奈《あんな》はみんなよりずっと小さかった。

背丈《せたけ》だけではなく、幼《おさな》すぎて授業《じゅぎょう》についていけないのではないか？　と考えてしまった。ところが、先生が「なんの問題もなくやれていますよ」といってくれたので、とりあえず安心した。

それに、杏奈《あんな》は幼稚園《ようちえん》ではちがうクラスだったステッラやモニカとなかよくなり、毎日学校へ行くのが楽しそうだった。

杏奈《あんな》は、ときどき校舎内《こうしゃない》で上級生の数人からじろじろ見られて笑われているのがわかったらしいが、気にしないようにしたという。やっとみんなと同じクラスになれたのだから。

1・6 ―― バナナの皮事件《じけん》

入学してから数日が経《た》ち、給食が始まった。

大食堂《だいしょくどう》には、一年生から最終学年の五年生までいて、たいそうにぎやかだ。先生たちは少し離《はな》れたところで、大人用の席にすわって食べる。

学校給食は、コース料理式だ。給食センターの人たちが、一番目の皿であるプリモ（パスタ料理かお米のリゾット）とパンと水をのせたトレイを配ってくれる。つづいて二番目の皿であるセコンド（メイン料理になる肉料理か魚料理）とコントルノ（野菜のつけ合わせ）、最後にデザートと、順番に配ってくれるのだ。

デザートはフルーツやプリン、ケーキなど。この日はミニバナナだった。

食べおわっておしゃべりをしていると、高学年の男子二人が立ちあがった。

「おい、そこの新入りクッソチビ！」

「子ザルちゃんにエサをやるぜ！」

二人は、バナナの皮や丸めたペーパーナプキンを杏奈《あんな》に向かって投げつけてきたのだ。

首謀者《しゅぼうしゃ》のエンリコは、最上級の五年生。ウエーブのかかった金髪《きんぱつ》に青い瞳《ひとみ》、すらっとした体型《たいけい》で、自信満々《じしんまんまん》を通りこして、とてもおうへいな態度《たいど》の少年だ。なんどか校内ですれちがい、杏奈《あんな》のことを笑ったグループのひとりである。

アジア系《けい》の生徒がひとりもいない小学校だったので、おそらく黒髪《くろかみ》が目についたのだろう。体が小さいことをからかいたくてしかたがなかったのかもしれない。

杏奈《あんな》は真っ赤になって下を向いたが、杏奈《あんな》となかよくなったステッラやモニカが、すっくと立ち上がった。

「やめなさいよ！」

「五年生にもなって、あんたたちバカなの？」

二人とも、だまっていられなかったのだろう。

なんて勇気があるのだろう。五年生との体格差《たいかくさ》は大きいのに。

二人に続いてクラスの男子たちも立ち上がり、「おい、そこのクソいじめっ子！」とかなんとかさけびながら、バナナの皮と紙ナプキン玉を五年生に投げかえした。

二年生だからといって、負けていられない。人数は二年生のほうが多いのだから、数で勝負というところか。

ついにとなりのBクラスの子たちまでもが加わった。

さあ、二年生対五年年年の対決だ。

バナナや紙ナプキンの玉、そしてさけび声が飛びかった。四年生や三年生、そして一年生まで参戦した。もう敵《てき》も味方もなく、ギャーギャーワーワー紙ナプキン玉合戦になった。

杏奈《あんな》もついに立ちあがり、自分も紙ナプキンを丸めて投げた。

わあ、なんて快感《かいかん》だろう！　と思ったそうだ。

いつもおとなしい杏奈《あんな》がそんなことをするなんて、ゆかいではないか。

いじめ反対に立ち上がった子どもたちに「えらいっ！」と拍手《はくしゅ》を送りたいところだが、かなりの大さわぎになってしまった。

「あんたたちーっ、やめなさーい！」

先生数人が走ってきて、必死に止めに入った。

給食センターの人たちは、外のデリバリートラックからもどってきて、散らかり放題の食堂《しょくどう》を見て目をまわした。

問題のきっかけを聞いた五年の担任《たんにん》の先生は、エンリコと彼《かれ》の友人二人の連絡帳《れんらくちょう》に、なにやらたくさん書いた。

連絡帳《れんらくちょう》は、親の「読みました」のサインが必要だ。サインをまねてごまかす子もいるが、親のサインは入学時に学校に登録されているから、たいていバレてしまう。

「ちぇっ。ちょっとからかっただけなのに、あいつらがさわぐからですよ」

エンリコは文句《もんく》たらたら。

そのいい訳《わけ》を聞いて、先生はますます怒《おこ》った。

「バナナの皮を投げつけることの、どこがちょっとからかっただけなの！　反省していないから、よけいに悪い！」

エンリコの連絡帳《れんらくちょう》にさらに苦言をつけ加え、先生はメガネをキュッと上げながら、大声でどなりつけた。

「あんたたち三人はもちろん、止めなかった五年生全員、反省文を書いてくること！」

「えーっ、なんであたしたちまでー？」

今度は、他の子たちが文句《もんく》たらたら。

「首謀者《しゅぼうしゃ》だけの問題じゃないの！　残念だけど、悪さをする人間はどこにだっているものよ。それをだまって見ていることだって、同じぐらいダメなのよ！」

先生たちが高学年の子たちをきびしく説教した。

このように、集団《しゅうだん》で一人をいじめるような陰湿《いんしつ》なケースがあまりないことが、イタリアでいじめが少ないと考えられている要因《よういん》ではないだろうか。

先生が五年生たちに説教をしているあいだ、杏奈《あんな》のクラスメイトたちはヒソヒソ声で「勝ったぜ」「ザマアミロ」などといっていた。

しかし、今度は二年A組担任《たんにん》のロッシ先生が二年生の前に仁王立《におうだ》ちした。

「みんな、仲間をかばったのはえらかったわね。これからも、いじめを許《ゆる》しちゃいけない。だけど、物を投げるのはやめなさい。今回はバナナの皮や紙ナプキンだったから大事にいたらなかったけれど、エスカレートすると、危《あぶ》ない物を投げるようになるものなのよ。つぎにこういうことがあったら、すぐ先生を呼《よ》びにきなさい。わかった？」

「はーい」

イタリアの学校では、清掃《せいそう》サービス会社の人たちがそうじをするが、この日の片《かた》づけはまず生徒たちがやった。

杏奈《あんな》はこのバナナ事件《じけん》では傷《きず》ついたが、クラスメイトに助けてもらったこと、自分もやり返せたことが救《すく》いだったようだ。

ただ、事実は聞かされていたものの、実はどのぐらい心が傷《きず》ついたのか、このときのわたしは知らなかった。杏奈《あんな》はすぐに本音をはかない子なのだ。

ずいぶん経《た》ってからやっと、本当はそのときものすごくプライドが傷《きず》ついたという本音をポロッといってくれた。

「すごくみじめだった。だからね、人より体が大きくなるのは無理だけど、うんと勉強して、小さくても、アジア系《けい》の顔でも、とにかくバカにされないようになりたいと思ったんだ」

それを聞いたとき、親として誇《ほこ》らしくも思ったし、悲しくもなった。

マンマや親友にさえ、いえなかった本音。

杏奈《あんな》はいったいどれだけ傷《きず》ついていたのだろう。

1-7 ―― あっちもこっちも人種差別

残念ながら杏奈《あんな》は、バナナの皮事件《じけん》がはじめての差別的体験ではなかった。ミラノの保育園《ほいくえん》時代、すでに差別的なことをされた経験《けいけん》がある。

保育園《ほいくえん》の親同伴《おやどうはん》の遠足のときのこと。

フランス人の女の子、クレールが杏奈《あんな》を見て走りよってきてくれた。人形のようにかわいらしい女の子だった。クレールは、いつも東南アジア系《けい》のベビーシッターかお手伝いさんに送り迎《むか》えされていたので、ご両親には初めて会った。とてもエレガントなパパとマンマだった。

ところが、クレールのマンマが血相を変えて、杏奈《あんな》から娘《むすめ》をひきはがしたのだ。

最初はたまたまだと思いたかったが、クレールが杏奈《あんな》と遊びたがるたびに、マンマがクレールを止めた。白人の子と遊ぶときはそういうことをしていなかったので、人種差別としか考えられない。

「クレール、どうしたのかな?」

と、杏奈《あんな》は首をかしげていた。

わたしと夫はムッとしていたが、まさか人種差別されているのだとは杏奈《あんな》に悟《さと》られたくなかったし、差別のことなどわかるはずがない。

もちろんフランス人がみな差別主義者《しゅぎしゃ》というわけではないだろうし、イタリア人にも差別する人はいる。つり目ポーズでアジア系《けい》の人をからかったり、ジロジロ見る人もいる。わたし自身、何度もいやな目にあった。

黒人差別に対してはきびしい世の中になってきたが、「アジア系《けい》の人をちょっとからかうのは差別ではない」と思っている人のなんと多いことか。

欧州《おうしゅう》各国で難民《なんみん》や移民《いみん》による凶悪事件《きょうあくじけん》が急増《きゅうぞう》しており、事件《じけん》が起きるたびに、彼《かれ》らに対する嫌悪感《けんおかん》を抱《いだ》く人が増《ふ》えていることも事実だ。

しかし、憎《にく》むべきは犯罪者《はんざいしゃ》であり、人種そのものではない。○○人だから悪党《あくとう》だ、というような人種差別がおろかであるという考えかたは、一応《いちおう》広まっているはずだ。

ましてや、海外にいる日本人に犯罪者《はんざいしゃ》が多いなどというううわさはない。身なりもそれなりにきちんとしていった日本人のママの子を差別するなど、意味がわからない。よほど黄色人種がきらいか、下に見ているのだろう。

せっかく子ども同士《どうし》がなかよくしているのに、親が差別行為《こうい》をするなどもってのほかだ。

クレールが将来《しょうらい》、あのダメ親をはずかしく思い、りっぱな人になってくれるように願うしかない。

杏奈《あんな》はクレールとは遊べなかったが、イタリア人の女の子と一日中遊んで、すっかりなかよくなった。その子のママもとても感じの良い人だった。


こちらの長い夏休みを利用して東京の小学校五年生に一時入学をしたときにも、杏奈《あんな》はある男の子からしつこい差別・いじめを受けた。自分たちとちがうことが気に入らなかったらしい。

「算数の計算のしかたがちがいすぎてキモい」「漢字がヘタすぎてダサい」「外国人なんだから英語を話せてあたりまえなのに、先生にほめられるなんてムカつくしウザい」（この小学校には英語ネイティブの先生がいた）。そういったことをいちいち杏奈《あんな》にしつこくいうのだから質《たち》がわるい。

しかも、杏奈《あんな》の第一言語はイタリア語であるということを理解《りかい》してくれなかった。外国人だから英語が話せてあたりまえ、とはこれまたずいぶん極端《きょくたん》な考えかただ。

このときは、杏奈《あんな》がすぐに報告《ほうこく》してくれたので、一時入学をやめるかと提案《ていあん》したが、本人は学校に行きたいといった。かばってくれた女の子、栞《しおり》ちゃんとなかよくなったからだ。

幸い、この学校の先生はすばらしい対応《たいおう》をしてくれた。栞《しおり》ちゃんからいじめの報《ほう》告《こく》を受けて、いじめっ子と杏奈《あんな》、栞《しおり》ちゃんの三人を集めて、男の子にきちんとあやまらせたのだ。それを二度くりかえしてくれた。おかげで、いじめはパタリとなくなった。

栞《しおり》ちゃんと杏奈《あんな》は、それ以後も手紙やメッセージを通して、細く長く友情《ゆうじょう》が続いている。

ともかく、あっちでもこっちでも、杏奈《あんな》は外国人扱《あつか》いされ、じろじろ見られ、やがてそれは彼女《かのじょ》のアイデンティティの問題になっていった。

2 スクールバスのボス

2-1 ── フランコの場合

スクールバスのボスは、小学校四年生のフランコだ。

いつもバスの中央部にふんぞり返ってすわっている。スクールバスには最上級の五年生も乗るが、だれもフランコに近寄《ちかよ》らない。フランコは背《せ》も高いし、すぐに怒《おこ》るので、上級生でさえ彼《かれ》をおそれているのだ。

そういえば、食堂《しょくどう》のバナナの皮事件《じけん》のとき、たまたまフランコは学校を休んでいたのだが、もし彼《かれ》がいたら、近所のよしみで杏奈《あんな》をかばってくれただろうか？

「彼《かれ》がだれかをかばうなんて、ありえないよ」

と、杏奈《あんな》はあっさりその仮説《かせつ》を否定《ひてい》した。

フランコの弟はよく兄に泣かされていた。そのことで親から怒《おこ》られ、イラついたフランコは窓《まど》から外に物を投げるのだった。

「もしかして、フランコは学校でいじめられているのではないか。それでストレスがたまっているのでは」

と、彼《かれ》の両親は心配しはじめた。

ある日、帰りのスクールバスに息子二人を迎《むか》えに行ったフランコのマンマが、運転手さんにそのことを聞いてみた。運転手さんは笑った。

「まさか！　フランコが他の子をけっとばしているのは、何度も見たよ。何年間も送迎《そうげい》してきたオレが保証《ほしょう》する。彼《かれ》がいじめられるなんてあり得《え》ない。逆《ぎゃく》だよ！」

そういわれてもフランコのマンマは納得《なっとく》していないようすだったが、ほかの保護《ほご》者《しゃ》たちにチャオ、とあいさつをして、息子二人といっしょに家に入った。

家に帰ってから、杏奈《あんな》に質問《しつもん》をしてみた。

「フランコって、いじめっ子なの？」

「うん、みんなこわがって近寄《ちかよ》らないけど、たまにだれかがエジキになるの」

「エジキ？」

「そう。たとえば今日のエジキは、ダビデだったな」

ダビデというのは、丘《おか》の中腹《ちゅうふく》に住んでいる一年生。

「フランコは、わざと真ん中ぐらいのところにすわって、その日のエジキと決めた相手が通るときに捕《つか》まえて、横にすわらせるの。そして歌わせたり、ジョークをいわせるんだ」

「なんだ、歌とジョークなら、たいしたことないじゃない」

「ちがうよ。もしエジキの子のジョークや歌が気にいらないと、頭をこづいたり、足をけっとばしたりする。だから、みんなビクビクするんだよ」

「だれも止めないわけ？　運転手さんは？」

「もし本当にひどかったら、きっとだれかが止めると思う。フランコも、ちゃっかりギリギリセーフのレベルでやっているんだろうな。それに、家来のふたりがうまくかくすから、運転席のルームミラーでは見えないと思う」

「じゃあ、三対一でいじめるってこと？」

「家来の二人は手を出さないよ」

「でも、その二人はフランコの仲間なんでしょ？」

肩《かた》をくいっと上げて、杏奈《あんな》は首を左右に振《ふ》った。

「家来のフリをしているだけでしょ。フランコが休んだ時、二人とも喜《よろこ》んでいたもん」

以前は、運転手の他にアシスタントの人が乗っていたが、最近はアシスタントなしになってしまった。フランコは、なるべく運転手さんにバレないようにうまくやっているのだろう。

ともかくフランコは、近所でも有名なあばれん坊《ぼう》だ。虫やトカゲなどをつかまえては路上で燃《も》やしたり、大声でさけびながらものを窓《まど》から放りなげたりする。

ここから車で一時間ちょっとで地中海側のビーチに行けるので、このあたりの住民は、どこかに長期滞在《たいざい》するバカンスシーズン以外は、日帰りでよくそのビーチに行く。

そこでも、たまたまフランコを見かけたことがある。

ビーチを歩いていると、杏奈《あんな》がいち早くフランコに気がつき、いじめられているクラゲを見て泣きだした。

フランコと弟と見知らぬ男の子ふたりが、浜辺《はまべ》に打ち上げられていたクラゲに石を投げたり、木の枝《えだ》でたたいたりしては、大笑いしていたのだ。

フランコの両親は、かなり離《はな》れたところで友人らしき人たちと話し込《こ》んでいて、まったく気がついていないようだった。

夫とわたしが、彼《かれ》らに声をかけた。

「やめなさい。なぜクラゲをいじめるんだ?」

「こいつは人を刺《さ》すからやられて当然だよ。バツとして、じわじわ殺《ころ》してやるんだ」

夫がきつくたしなめたが、ふくろだたきにあった大きなクラゲは死んだ。

クラゲはしゃべらないが、きっと泣きさけんでいたことだろう。

たとえ人にとって危険《きけん》なクラゲだったとしても、いじめることそのものを楽しむというのは、理解《りかい》できない。

たしかに、わたしたちも魚介類《ぎょかいるい》を食べる。魚介《ぎょかい》は食材になるために殺《ころ》される。動物や植物も同じことだ。

根を張《は》って生きていた植物がひっこぬかれ、切り取られ、食べられる。動物ならかわいそうだが、魚介類《ぎょかいるい》や植物には心がないからかわいそうではない、という理屈《りくつ》もあるようだが、わたしは共感できない。

わが家のバルコニーにある観葉植物は、一度他の鉢植《はちう》えからはなれたところに置いたら、たちまち弱ってしまった。それで少しせまいけれどほかの鉢植《はちう》えといっしょに置いたら、回復《かいふく》したのだ。調べたところ、こういう例はなにもわが家に限《かぎ》ったことではない。

植物に脳《のう》がないとしても、なにかしら心に似《に》たものを持っているような気がしてならない。そばでかける音楽によって、育ち具合がちがうという研究結果もある。波長に反応《はんのう》するそうなのだ。

生きていたものが死ぬときは、みんなかわいそうだ。だからこそ、植物をふくむ「生きていたもの」を食べるときは、そのことを思い出し、感謝《かんしゃ》しながら食べるようにしている。

腕《うで》にとまった蚊《か》をとっさにたたいて殺《ころ》したことは何度もある。信仰《しんこう》もないし、蚊《か》をたたくたびに祈《いの》りを捧《ささ》げたりはしないが、蚊《か》を殺《ころ》してしまったことで、少しいやな気分にはなる。

生きものをいじめ、死にゆく過程《かてい》を楽しむというのは、いったいどういう心理なのだろう。

フランコたちの家庭が複雑《ふくざつ》で、ストレスがたまっているのだろうと想像《そうぞう》するかもしれない。だが、弟とよく兄弟ゲンカはするものの、フランコの両親の仲はよい。両親は、変わりばんこに昼と夜の仕事の当番を交代して、どちらかはかならず子どもたちの下校時間から家にいるようにしている。はたから見ると、理想の家族そのものだ。

2-2 ―― 貧困《ひんこん》、親の離婚《りこん》、そして非行《ひこう》

フランコがなぜいじめ体質《たいしつ》なのか、わたしたちにはもちろん、彼《かれ》の親にさえわからない。

環境《かんきょう》が人を左右する件《けん》について、考えてみた。

わたしの場合、母子家庭だったため、担任《たんにん》の先生からよく「片親《かたおや》」とイヤミをいわれた。当時は、教師《きょうし》によるパワハラや体罰《たいばつ》は、今ほど問題にされていなかった。そのころの日本は離婚《りこん》が今より少なかったからか、その先生は「片親《かたおや》の子は反抗的《はんこうてき》で非行《ひこう》に走る」という偏見《へんけん》をもっていた。家庭のことで苦しんでいる生徒が、さらに先生から差別されるようでは、救《すく》いがない。わたしはしばらく登校拒否《きょひ》をした。

イタリアのわたしの知人には離婚《りこん》・再婚《さいこん》した人が多いが、めずらしいことではないし、だれもそのことで子どもをからかったりしない。子どもたちは平和にくらしているし、もちろん離婚《りこん》家庭であることが非行《ひこう》の原因《げんいん》になるわけではない。

少年犯罪《はんざい》の原因《げんいん》は、親の離婚《りこん》や貧困《ひんこん》そのものではなく、犯罪《はんざい》が日常化《にちじょうか》している地区に住んでいることが原因《げんいん》になりやすいと、イタリアでは考えられている。

犯罪《はんざい》がはびこっている環境《かんきょう》で、悪の誘《さそ》いにのらずに平和に暮《く》らしていくのは、大変なことだ。もちろん、そういった環境《かんきょう》で育ったからといって、かならずしも非行《ひこう》に走るわけではない。友人ガエタノのような人もいる。

2-3 ―― ガエタノの場合

ガエタノは、ミラノのはずれにあるドラッグがはびこる地区で生まれ育った。左足に先天性障《せんてんせいしょう》がいがあり、歩くのも一苦労だ。父親が長年刑務所《けいむしょ》にいたが病気で早く他界し、たったひとりの家族だった母親も亡《な》くなり、天涯孤独《てんがいこどく》になった。

そういう環境《かんきょう》で育っても、ガエタノはドラッグどころか、タバコやアルコールにさえも手を出さなかった。

しかし、近所の不良たちから悪魔《あくま》のような誘《さそ》いを受けるたびに、心はゆらいだそうだ。

「紙一重のところで、なんとかバランスを保《たも》ってたんだよ」

そう語るガエタノは誠実《せいじつ》に生き、やがて大手銀行に就職《しゅうしょく》した。今では閑静《かんせい》な住宅《じゅうたく》地《ち》で奥《おく》さんや子どもたちと平和に暮《く》らしている。

昔のことを思い出すとき、ガエタノは悲しい目をする。

ガエタノと同じ地区に住んでいた友人のなかに、ドラッグに手を出した少年がいたという。優《やさ》しくて繊細《せんさい》な人だったが、ノーといえない性格《せいかく》で、悪魔《あくま》の誘惑《ゆうわく》に勝てなかったのだろう。ガエタノは何度も彼《かれ》にドラッグをやめさせようとしたがうまくいかず、結局その少年は十代の半ばにドラッグのオーバードーズ（過剰摂取《かじょうせっしゅ》）で亡《な》くなった。

日本のみなさんにこんなことを書くのはどうかと迷《まよ》ったが、あえて書くことにした。外国の話だと思って安心していると、実は日本でも、すでに深刻《しんこく》なことが起きているのだ。

杏奈《あんな》が東京都心部の区立小学校に一か月半ほど一時入学していたある日、高学年全員が体育館に集められた。警察《けいさつ》がドラッグについての説明会を開いたのだ。

「ドラッグを摂取《せっしゅ》する小学生が増《ふ》えてきています。誘《さそ》ってくる相手は大人とは限《かぎ》りません。相手も子どもで、キャンディの形をした合成ドラッグで抵抗感《ていこうかん》をなくして近づいてくる手口もあります。絶対《ぜったい》に、誘《さそ》いにのらないこと。怪《あや》しい人を見かけたら、すぐに知らせてください」

杏奈《あんな》はかなりびっくりして、学校から帰ってくるなり、パンフレットを出してなにがあったか説明してくれた。

トー横キッズと呼《よ》ばれる子どもたちのことは、みなさんも聞いたことがあるだろう。新宿歌舞伎町《かぶきちょう》にいるこの子たちはおもに中高生だが、小学校高学年の子もいる。しかも、市販《しはん》の薬によるオーバードーズで意識《いしき》を失ったり、亡《な》くなる子もいるのだ。

これと似《に》たようなことが、日本各地で起きているというニュースを読んだ。絶対《ぜったい》に、命を縮《ちぢ》める沼《ぬま》に落ちないでほしい。一回だけ、のつもりでいると、底なし沼《ぬま》にずるずるとひきこまれる。

ガエタノは、こういった歌舞伎町《かぶきちょう》以上にドラッグ売買が日常的《にちじょうてき》な、ミラノの荒《あ》れたゾーンで生まれ育ったのだ。

足に障《しょう》がいを持ちつつもスポーツが好きな少年ガエタノは、葛藤《かっとう》が多かった。犯罪者《はんざいしゃ》の父のことで悩《なや》み、その父を早くに亡《な》くしたあと、オーバードーズで友人も亡《な》くして苦しみ、ついにアルコール中毒《ちゅうどく》の母も亡《な》くして絶望《ぜつぼう》したとき、彼《かれ》はまだ十八歳《さい》だった。

しかしもう成人していたし、もともと縁《えん》のない親戚《しんせき》もたよれなかったため、国の補助《ほじょ》システムを最大限《さいだいげん》利用し、ひとりでがんばった。

なんども沼《ぬま》に落ちそうになりながらも、彼《かれ》は踏《ふ》みとどまった。ガエタノのように苦しい環境《かんきょう》を自力で乗りこえた人を、わたしは他に知らない。

「ぼくはべつに強いわけじゃない」と、彼《かれ》は語る。

「必死だったんだ。父のようにも、母のようにも、亡《な》くなった友人のようにも、絶《ぜっ》対《たい》になりたくなかった。それだけだよ」

2・4 ―― いじめっ子に天罰《てんばつ》？

こうして考えると、やはり疑問《ぎもん》がわいてくる。

なぜフランコは暴《あば》れるのか、いじめるのか。ガエタノのように荒《あ》れた地区で育ったわけでも、家庭に原因《げんいん》があったわけでもなさそうなのに。

むかしわたしが東京で小学生だったころにも、フランコに似《に》たようないじめっ子がいた。その子「Aくん」も美少年だったが、学校では「家来」を従《したが》えたいじめっ子だった。

ところが、である。大人になったAくんは、まったく別人のようになっていたのだ。同窓会《どうそうかい》では、まんまるい顔になったAくんが汗《あせ》を拭《ふ》きふき、ペコペコと頭を下げていた。

彼《かれ》になにがあったのかわからない。が、わたしのとなりにすわっていたKくんが遠目にAくんを見ながらいった。

「天罰《てんばつ》が下ったんだろうな」

きびしい言葉だ。

しかし、Aくんだけでなく、フランコの現在《げんざい》の変わり果てた姿《すがた》を知っているだけに、その言葉が真実のような気がしてきてしまった。

フランコの様子はどんどんひどくなり、あまりに暴《あば》れて窓《まど》からイスだの机《つくえ》だの大きな物を投げてはさけぶので、いよいよ病院に連れて行かれた。

現在《げんざい》の彼《かれ》は、強い鎮静剤《ちんせいざい》を服用しながら、家にいる。毎日おぼつかない足取りで庭をゆらゆらと歩いている。悪ガキだったころのフランコの面影《おもかげ》は、もうない。

フランコの両親は、ホッとしているといった。家族は大変な想《おも》いをしてきたのだから、当然なのだろう。

ただ、うつむいたままぼんやりしているフランコのうしろ姿《すがた》を見ていると、無性《むしょう》に悲しくなってくる。

もし、彼《かれ》がなにか好きなことに没頭《ぼっとう》できていたら、事態《じたい》は変わっていただろうか。

フランコはよくピアノを弾《ひ》いていたが、最近はもう音がしない。

3 だってわたしは養子だもん！

3-1 ターシャ

杏奈《あんな》の小学校のとなりのBクラスには、とても活発な女の子がいた。いつもとびはねているその子の名前は、ターシャ。クラスはちがえど、昼休みや放課後には、Aクラスのみんなといっしょに遊んでいた。

ある日の午後、保護者《ほごしゃ》が参加するゲームイベントがあった。イタリアでは授業《じゅぎょう》参観というのはないのだが、年に一、二回、保護者《ほごしゃ》も参加するイベントが行われる。

わざわざ会社を早退《そうたい》して来てくれた両親を見たターシャは、走りよって抱《だ》きついた。

ターシャの両親は茶髪《ちゃぱつ》に茶色の瞳《ひとみ》だが、ターシャは真っ白に近いプラチナブロンドで、目の色も水色。

そのときターシャは、「両親に似《に》ていないね」と、みんなにいわれた。彼女《かのじょ》が傷《きず》ついたのではないかと心配したが、ターシャの両親はニコニコしていたし、本人も堂々《どうどう》としていた。

「そりゃそうだよ。だってわたしは養子だもん！」

そのときのターシャの返事があまりにあっぱれだったので、思わず拍手《はくしゅ》をしそうになったが、同時に、まわりの子たちの反応《はんのう》が気になってしまった。

しかし、子どもたちはいとも明朗《めいろう》に答えた。

「じゃあ、似《に》てなくてあたりまえだね！」

「へえ、ターシャって、どこから来たの？」

子どもたちの対応《たいおう》があまりにも自然だったから、これにも感心した。

「生まれはロシアだよ。でも、三歳《さい》で今の両親に引き取られたから、あまりよく覚えていないな。自分はイタリア人だと思ってるし、わたしにとっては、養父母だけが両親だよ！」

ターシャは、両親のほうを振《ふ》りかえってVサインを送った。

3-2 ―― イタリア養子縁組《えんぐみ》事情《じじょう》

イタリアでは、養子縁組《えんぐみ》がめずらしくない。一見して血縁《けつえん》がないのがわかるケースも少なくない。まわりの反応《はんのう》もごく自然だ。

日本から遊びに来ていた友人が、わたしや杏奈《あんな》と話していてこう聞いたことがある。

「イタリアって、養子縁組《えんぐみ》が多いの？　今日もバスのなかで、肌《はだ》の色のちがうなかよし親子がいたから」

わたしと杏奈《あんな》は同時にうなずいた。

「はい、となりのクラスにひとりいます」

「そうなのね。じゃあ、会話で親のこととかの話になると、気をつかったりするの？」

杏奈《あんな》は首をふった。

「最初から養子だっていってくれたから、だれも気をつかわないです」

「すごいねえ。日本はそこまでオープンじゃないなあ。それに、わたしのまわりに養子はひとりもいないから、まだまだ少ないんだと思う」

友人は感心していた。

「そうだね、イタリアではめずらしくないかな。わたしの知りあいにも何人かいるよ」

と、知人の養子縁組《えんぐみ》のケースを話した。

ひとりは、ある雑誌《ざっし》の編集者《へんしゅうしゃ》Sさん。長年子どもに恵《めぐ》まれなかったSさん夫婦《ふうふ》がインド出身の養子をミラノで育てていると、なんと翌年妊娠《よくとしにんしん》し、出産した。その翌《よく》年《とし》も彼女《かのじょ》は双子《ふたご》を妊娠《にんしん》し、結局養子の子を筆頭に、四人の子持ちになった。四人を分けへだてなく育てながら仕事もしているパワフルな女性《じょせい》だ。

もうひとりはDさん。イタリアの養子縁組《えんぐみ》のウェイティングリストの長さに耐《た》えかねて、奥《おく》さんと中南米まで行って、養子縁組《えんぐみ》をしてきた。あえて自分たちに似《に》た容姿《ようし》の一歳児《さいじ》を養子にしたため、一見血のつながった親子に見える。

それでも、子どもが少し大きくなったころ、ご夫婦《ふうふ》は養子であることを息子に伝えた。

「あとでわかった時にショックを受けるよりも、最初から知っておいて欲《ほ》しかったんだ。ぼくたちの愛情《あいじょう》がどれほど深いものか息子は知っているから、問題なかったよ」

と、Dさんは朗《ほが》らかに語った。

養子のみなさんがのびのび育っているのを見て、大切なのは血のつながりではなく、愛情《あいじょう》によるつながりなのだなと、つくづく思った。

4 ハンディなんてなんのその

入学して数か月が経《た》ったころ、クラスメイトのシルヴィオの誕生日会《たんじょうびかい》に、クラス全員が招《まね》かれた。イタリアでは、クラスの全員を招《まね》いてパーティを開くことが多い。自宅《じたく》に招《まね》く人もいれば、ファストフード店などの一部を使う人もいる。

この日は、住んでいる地区の教会のイベントスペースで行われた。

親が持ち込《こ》むスナックとジュース、そして手作りのケーキによるシンプルなパーティだが、子どもたちは土曜日もみんなと遊べて大喜《おおよろこ》びだ。

シルヴィオのマンマはオープンマインドな人で、初対面のわたしに親しげに話しかけてくれた。

「いいクラスよね。シルヴィオは軽い知的障《ちてきしょう》がいを持っているけれど、いじめられたことは一度もないのよ」

たしかに、まわりが自然に接《せっ》するからこそ、シルヴィオの障《しょう》がいにまったく気がつかなかった。シルヴィオのマンマは、こんなことも話してくれた。

「将来《しょうらい》のことは、本人もわたしたちも心配はしていないの。中学校のあとは、彼《かれ》に合った職業《しょくぎょう》訓練校などべつの道も開けているから」

これには、ハンディキャップを持つ人に対する手厚《てあつ》い保護《ほご》のある国ならではのことでもあるだろう。税金《ぜいきん》がおそろしく高いが、社会保障《ほしょう》はしっかりしている。

パーティ会場でみんなと遊ぶシルヴィオは、生き生きしていた。

最初は鬼《おに》ごっこを提案《ていあん》した子もいたが、それだと弱視《じゃくし》のジネーブラが段差《だんさ》に気づかず転んでしまうので、やめたらしい。杏奈《あんな》やステッラが先に気づいて、「ウノ・ドゥエ・トレ・ステッラ！」を提案《ていあん》したのだ。これはジネーブラも大好きな遊びで、「だるまさんが転んだ」と似《に》ている。

クラスの中には、さまざまなハンディキャップのある生徒が数人いた。

ジネーブラは重度の弱視《じゃくし》のため、厚《あつ》いレンズのメガネをかけて一番前の席。それでもホワイトボードの字がよく見えないため、となりに補助《ほじょ》の先生がついた。

軽度の知的障《ちてきしょう》がいを持つシルヴィオには、べつの補助《ほじょ》の先生がついた。

イタリア語がにがてな移民《いみん》の少年三人のためにも、彼《かれ》らの言語を話す補助《ほじょ》の先生がついた。

生徒数二十三人の教室には、各科目の先生の他に、こうして補助《ほじょ》の先生が三人いたのだ。

これは、イタリアの公立校が「インクルーシヴ教育」という、さまざまなハンディキャップを持つ生徒がみな含《ふく》まれる教育を行っているからだ。

通えないほど重度の障《しょう》がいを持っていたり、盲学校《もうがっこう》などの専門《せんもん》の学校を選ぶ人以外、みな同じ教室で学ぶ。

イタリアのこのインクルーシヴ教育は、最近東京大学の研究機関からも注目されており、講演会《こうえんかい》を聴《き》いたことがある。

この教育のすばらしい点は、小さいころから「いろんな人がいるのがあたりまえ」という状況《じょうきょう》に慣《な》れることだといわれている。それぞれのちがいや個性《こせい》を「別あつかい」にせず、みなが同じ教室でいっしょに過《す》ごすからだ。

ジネーブラの家に招《まね》かれたときに、ジネーブラは杏奈《あんな》にかわいいワンピースをたくさん見せてくれた。ジネーブラは自分の容姿《ようし》に自信を持っていた。両親が自信を持たせつづけたことに加え、弱視《じゃくし》をからかわれることがなかったからだろう。

それから、アルバニアからの難民《なんみん》の子、サミル。彼《かれ》は数年前に来てイタリア語が上手《じょうず》なので、イタリア語がまだ不得意《ふとくい》なアルバニア人の二人を助けてあげた。クラス全員で遊ぶときも、ルールを説明してあげる優《やさ》しい少年だ。

インクルーシヴ教育は、人種やハンディや家庭の事情《じじょう》の壁《かべ》を取り払《はら》った、とても良い環境《かんきょう》だと考えられている。

クラスの国語レベルが下ると文句《もんく》をいう人が出そうだ。たしかにクラスの半数以上が移民《いみん》だという区域《くいき》もあり、そういう問題がないわけではない。だが、インクルーシヴ教育があたりまえの国もあるということを知ってもらいたい。

杏奈《あんな》のクラスでは、仲間はずれになる子はひとりもいなかった。

たがいのちがいをあたりまえに受けとめることができる、とてもすてきなクラスだった。

5 口から火を吹《ふ》くロッシ先生

5-1 ―― 文法警察《けいさつ》

国語のロッシ先生のきびしさは、とびきりだ。とくに、イタリア語のむずかしい文法（動詞《どうし》の活用など、文章を組み立てる上での言語のルール）についての指導《しどう》がおそろしいほどで、「文法警察《けいさつ》」と陰口《かげぐち》をたたかれる。

指名された子がちゃんと答えられないと、

「ちがう！　なんどいったらわかるの！」

「正しい文法で話せるか、表現力《ひょうげんりょく》があるかないかで、あなたへの評価《ひょうか》が変わる。一生ついてまわるのよ！」

という具合に、大声でどなりつけるのだ。

ロッシ先生は、ショートカットの赤い髪《かみ》が目立つ、四十代半ばの先生だ。がっちりした体型《たいけい》で、目鼻立ちがはっきりしているからか、怒《おこ》るとクラス中の生徒がちぢみあがる。

杏奈《あんな》もロッシ先生がこわいらしい。

「だれかがロッシ先生にガミガミ怒《おこ》られているとき、教室の中はまるで真夜中の墓場《はかば》のようにシーンとするの。あ、こういうの『直喩《ちょくゆ》』っていうんだっけな」

それを聞いて、笑ってしまった。

ロッシ先生が腕《うで》を組んでうなずく姿《すがた》がうしろに見えるようだったのだ。

5-2 ―― 演劇《えんげき》

学芸会をやることになり、クラスごとに生徒たちが手分けして脚本《きゃくほん》を書いた。

ロッシ先生の脚本《きゃくほん》のチェックがあまりに細かいため、みんなはうんざりしてしまった。

「悪魔《あくま》だよなー」

「悪魔《あくま》だけど神さまのつもりでいるんだよなー」

そんな悪口が飛びかった。

やっと脚本《きゃくほん》ができあがり、立候補《りっこうほ》で配役をどんどん決めていく。人気の役は立候《りっこう》補者《ほしゃ》が多いため、オーディション形式で先生が数人にしぼり、そこからジャンケンで決めた。

杏奈《あんな》はキツネ役に立候補《りっこうほ》した。だれもキツネ役に手をあげなかったので、即決《そっけつ》した。杏奈《あんな》はもともとネコとキツネが大好きなので、わき役でも大喜《おおよろこ》びだった。カチューシャにフェルトで耳をつけ、フサフサのしっぽを作って、準備《じゅんび》した。

演技指導《えんぎしどう》もロッシ先生だった。

「セリフをちゃんと覚えてきなさーいっ」

「もっと感情《かんじょう》をこめて！　なに、その棒読《ぼうよ》みは？」

「声が小さくて聞こえない！」

「いじわるな悪党《あくとう》なんだから、もっといじわるそうな目つきをして！」

という具合に、ここは演劇《えんげき》学校かというぐらい、きびしかった。そのたびに、子どもたちは「えーっ」「またやり直しか」とブツブツ文句《もんく》をいった。

本番当日は、練習の成果が出てすばらしい出来になり、会場は拍手《はくしゅ》かっさいだった。今までの小学校の出し物というレベルを超《こ》えた、本物の演劇《えんげき》のようだった。

毎日子どもから文句《もんく》を聞いていた親たちはみな、劇《げき》を観《み》て大いに納得《なっとく》し、「いくらきびしくてもこの先生に文句《もんく》をいうのはやめよう」と話しあった。

ロッシ先生がすぐれた指導者《しどうしゃ》であることを、だれもが認《みと》めたのだ。

5-3 ―― 文法はお好き？

杏奈《あんな》は文法が好きだという。

昔、イタリア語の動詞《どうし》の変化を覚えるのに苦労し、文法の教科書に向かって悪口《あっこう》雑言《ぞうごん》をたたいたわたしには、信じられなかった。

イタリア語の文法の、あの三センチの厚《あつ》みの教科書を勉強するのが苦にならない人間が存在《そんざい》するなんて！

日本語の話者にとって、イタリア語の発音はむずかしくない。母音は日本語と同じように、ア、エ、イ、オ、ウ。

やや問題があるとすれば、RとLのちがいや、VとBのちがいを出すこと、Fは唇《くちびる》をかんで発音すること、GLIをきれいに発音することぐらいだろう。

問題は文法だ。まるで悪意を持って作られたかのように複雑《ふくざつ》だ。過去形《かこけい》一つとっても、近過去《きんかこ》、半過去《はんかこ》、大過去《だいかこ》、遠過去《えんかこ》、先立過去《せんりつかこ》とあり、さらに接続法《せつぞくほう》や条件法《じょうけんほう》がある。その上、人称《にんしょう》（わたし、きみ、彼女《かのじょ》&彼《かれ》+あなた、わたしたち、きみたち&あなたたち、彼《かれ》ら）でも変化するから、ひとつの動詞《どうし》が何十通りにも変化するのだ。

名詞《めいし》には女性形《じょせいけい》や男性形《だんせいけい》があり、単数、複数《ふくすう》で語尾《ごび》だけでなく、前後の冠詞《かんし》や形《けい》容詞《ようし》まで変化する。

また、話し言葉（口語体）と書き言葉（文語体）がぜんぜんちがう。

このように複雑《ふくざつ》なイタリア語の文法を勉強するのが好きな杏奈《あんな》だが、ロッシ先生のことはおそれているらしい。ある日、杏奈《あんな》は夢《ゆめ》を見た。

夢《ゆめ》のなかでロッシ先生の赤い髪《かみ》は燃《も》えていて、口から火をガアーッとはきだしながら、逃《に》げる生徒たちを追いかけてきた。

「あんたたちーっ！　また接続法《せつぞくほう》をまちがえているわよーっ！」

「いつになったら大過去《だいかこ》、遠過去《えんかこ》、接続法《せつぞくほう》を習得《しゅうとく》するの!?　近過去《きんかこ》だけじゃ、まともな文章は書けないわよっ！」

「条件法《じょうけんほう》を覚えなさーいっ！」

きゃあああ、と大声を出し、杏奈《あんな》は自分の声で目が覚めた。

ところが、このロッシ先生のおかげで、このクラスの子たちの多くは、中学校のイタリア語で大いなるアドバンテージを持つことになったのだった。

6 ほめ上手《じょうず》のイタリア人

日本では、「謙遜《けんそん》する」ことが美徳とされる。だから、次のような親同士《おやどうし》の会話が成り立つはずだ。

例えばある野球の試合で山下翔平《しょうへい》くんが逆転《ぎゃくてん》ホームランを打ったとする。同じチームの選手のおかあさんが、翌週《よくしゅう》、翔平《しょうへい》くんのおかあさんに話しかける。

「こんにちは山下さん、先週の翔平《しょうへい》くんの逆転《ぎゃくてん》ホームラン、すばらしかったですね。息子さん、野球の才能《さいのう》がありますね！」

「とんでもないです。たまたま運が良かっただけです」

「まあ、ご謙遜《けんそん》なさって。運でホームランは打てませんよ」

こんな具合だろうか。ところが、イタリアでは、ぜんぜんちがう。

まず、言葉遣《づか》い。初対面の人や上司、教師《きょうし》に対しては敬語《けいご》を使うが、クラスメイトの親同士《おやどうし》なら、敬語《けいご》はまず使わない（イタリア語には敬語《けいご》がある）。

あと、よく「ブラーヴォ」という言葉をもちいる。えらい、すごい、良い、うまいという、人やペットなどをほめるときに使われる。男性複数《だんせいふくすう》や男女混合《こんごう》ならブラーヴィ、相手が女性《じょせい》ならブラーヴァ。女性複数《じょせいふくすう》ならブラーヴェ。ものすごくブラーヴォなら、ブラヴィッシモというように語尾《ごび》が変化する。

子どものころの杏奈《あんな》は、日本に行くたびに、「かわいいッシマ」とか「おいしいッシモ」とかいっていた。

東京で体験入学（正式には一時入学）をして親しくなった女の子に小さなプレゼントをもらったとき、そんなふうにいって相手に大受けしたらしい。

桜餅《さくらもち》や肉マンが気に入り、食べるとかならず「ブオニッシモ！　おいしいッシモ！」とうれしそうにいった。どちらの文化も言語も同じぐらい愛する杏奈《あんな》を見て、わたしはうれしく思ったものだ。

さて、先ほどの会話をイタリア式でシミュレーションしてみよう。

「チャオ！　先週のショーヘイの逆転《ぎゃくてん》ホームラン、ブラヴィッシモだったわね！」

「チャオ！　ありがとう。すばらしいプレイだったわよね。毎週パパと練習した成果かも」

「あら、じゃあ、パパもほめなきゃね！」

と、まあこんな具合だろう。

イタリアでは、ほめられたら素直《すなお》に喜《よろこ》ぶのだ。

こんな経験《けいけん》をしたことがある。まだイタリア式の子ども自慢《じまん》になれていなかったころだ。

「アンナはお行儀《ぎょうぎ》が良くて、とてもしっかりしているわね！」

杏奈《あんな》のクラスメイトのおかあさんにそうほめられて、日本式に謙遜《けんそん》した。

「ありがとうございます。でも、家ではとても甘《あま》えん坊《ぼう》なんですよ」

「あら、そうなの？　まあ、意外だわ」

このとき、しまったと思った。

この国では、自分の家族のことをわざと卑下《ひげ》することはしない。謙遜《けんそん》のつもりでいうと、そのままの意味に取られてしまう。

それに、相手が「タメ口」で話しかけてきたのに敬語《けいご》で返すと、距離《きょり》を置きたがっているように思われるだろう。

とにかくイタリア人は、自分の子どものことを自慢《じまん》する。ほめてほめて、ほめまくる。

もちろん叱《しか》ることもあるが、ほめるほうが圧倒的《あっとうてき》に多いだろう。

同様に、子どものほうも親をほめる。とくにマンマの料理は世界一なのだ。

夫婦間《ふうふかん》でも同じだ。夫婦《ふうふ》やカップルがまったくほめ合わなくなったら、危機到来《ききとうらい》だろう。

この「称賛文化《しょうさんぶんか》」は、家族間だけではない。他人のこともほめる習慣《しゅうかん》があるのだ。

たとえばパン屋さんで、おつりのないように小銭《こぜに》をピッタリ出す。すると、「ブラーヴァ！　助かります」と、ほめられて、ニコニコされる。

ツーリストがレストランに行き、カタコトのイタリア語で注文すると、「あなたたち、イタリア語が上手《じょうず》ですね！　ブラヴィッシミ！」と、給仕係《きゅうじがかり》がウインクをしてくれる（ここに特別な意味はないので、カンちがいしないようにしないといけないのだが）。

ベッラ（美しい・女性《じょせい》単数形）やベッロ（美しい・男性《だんせい》単数形）もよく使われる。人や生き物だけでなく、あらゆるものに使える形容詞《けいようし》だ。

あちらこちらで、えらい、美しい、最高だ、などと賛辞《さんじ》が飛びかう。

当然こちらもほめなければならない。最初は照れてなかなかいえなかったが、そのうちになんの照れもなく相手をほめられるようになった。

相手の良いところを見つけて、小さなことでもほめることを習慣《しゅうかん》にすると、毎日の生活が少しずつ楽しくなっていくのだ。

試しに、だれかが作ってくれた料理をほめてみてほしい。

7 宿題と習いごと

7-1 —— そびえたつ宿題の山

イタリアの学校は、宿題を出しすぎる。あまりの量にあきれて、「宿題やめろ!」と書いたプラカードをかかげてデモをしたくなるほどだ。

低学年なら、親や祖父母《そふぼ》に教えてもらいながらやることが多い。今どき祖父母《そふぼ》が同居《どうきょ》している家庭は少ないが、たいてい同じ市内に住んでいるから、車でピュッと来てくれる。習いごとをしている子も多いので、子どもたちの送りむかえに、祖父母《そぼ》はいそがしい。

小学生は午後三時半ごろに帰ってくる。おやつを食べながらアニメでも観《み》て、四時半ごろ宿題に取りかかる。学校や先生にもよるが、たいてい二時間分はある。三時間かかることもある。

日本の学校ならあり得《え》ない量だ。宿題が終わると、もう夕食の時間だ。受験生でもないのに、夕食の後に宿題を再開《さいかい》しなければならないことも少なくない。

夕食後にテレビでいっしょに映画《えいが》を観《み》ようとすると、杏奈《あんな》がそわそわしはじめることがあった。

「宿題がまだ終わってないんだ。先に観《み》てて」

そういいのこして、自分の部屋に宿題をしにもどるのだ。このころはまだスマホがなかったので、好きなCDをかけて、宿題を始めるのだった。

わが家は二人ともフリーランスなので、幸い仕事場は自宅《じたく》の上の部屋だ。杏奈《あんな》はひとりで宿題をやり、わからないところがあるとトントンと階段《かいだん》をのぼってきて、わたしか夫に聞きに来る。そのパターンで、なんとか乗り切った。

あるとき、ベルギーに住んでいる夫の妹が遊びに来たとき、杏奈《あんな》の宿題の量を見てあきれた。

「なにこの量！ ヨーロッパには、宿題を禁止《きんし》している国もあるっていうのに。家で宿題をみてくれる保護者《ほごしゃ》がいる子とそうでない子の学力差がついちゃうからね。

こんなのおかしいでしょ！」

たしかにその通りだ。イタリアもそんなふうになってほしい。

しかし、杏奈《あんな》は冷ややかな声でこういった。

「おばちゃん、そんなこといったってしかたないでしょ。あしたこれを持っていかないと、おこられちゃうんだから。おばちゃん、早くEU委員会でえらくなって、将来《しょうらい》はこういう宿題をやめさせてね」

それを聞いて、わたしはふきだした。おばちゃんやわたしより上手《うわて》である。

おばちゃんのほうは、苦笑いをしていた。

小学校の数年間、杏奈《あんな》は毎週土曜日に日本語補習校《ほしゅうこう》にも通い、習いごともしていたので、バタバタと大いそがしだった。

イタリアの学校が日本の小・中学校と大きくちがうのは、クラブ活動がないことだろう。市が運営《うんえい》するスポーツクラブに入る子が多い。

遠足や課外授業《じゅぎょう》、修学《しゅうがく》旅行はあるが、運動会や文化祭はない。杏奈《あんな》が日本の小学校に一時入学したとき、イベントが多いと喜《よろこ》んでいた。

7-2 ―― 習いごと

ある日、杏奈《あんな》が目をキラキラさせて帰ってきた。

「今日フェンシングの先生が来たよ！　すごくかっこよかった」

小学校の体育の時間に、外部の先生が実技《じつぎ》を見せるデモンストレーションに来ることがある。さまざまなスポーツを知るチャンスだ。その年は、フェンシングの先生が来た。

みなさんもきっとオリンピック競技《きょうぎ》や映画《えいが》で見たことがあるだろうが、フェンシングにはフルーレ、エペ、サーブルの三種類がある。このデモンストレーションでは、胴《どう》のみへの突《つ》きしかできない「フルーレ」だった。

杏奈《あんな》のクラスには、マッシミリアーノというフェンシングを習っている少年がいたので、彼《かれ》が先生と対戦してみせてくれた。

真っ白いウエアに着替《きが》えたマッシミリアーノが防具《ぼうぐ》をつけて出てくると、みんなが「おーっ」と歓声《かんせい》を上げた。ふだんはそれほど目立たない少年だが、小さいころからフェンシングをやっているので、構《かま》えからしてかっこいい。

先生とマッシミリアーノの試合が始まり、クラス中がマッシミリアーノを応援《おうえん》した。

床《ゆか》に設置《せっち》した細長いシートの幅《はば》から出てはいけない。前に後ろに、後ろに前に。互《たが》いに剣《けん》でけん制《せい》し合うが、ちょっとしたスキに剣《けん》を相手の通電ベストに当てる。

このデモンストレーションに影響《えいきょう》されて、クラスの数人がフェンシングスクールに入った。この時すでにこのスクールでもっとも強い選手だった大先輩《せんぱい》のアリーチェ（本名）は、東京オリンピックで銅《どう》メダル、パリオリンピックでは団体《だんたい》で銀メダルを取ったりなど、活躍《かつやく》している。

事情《じじょう》があって三歳《さい》のころから習っていたバレエをやめた杏奈《あんな》も、クラスメイトの二人といっしょにこのスクールに入った。フェンシングは一瞬《いっしゅん》の勝負なので、集中力と瞬発力《しゅんぱつりょく》をきたえるのに良いという。もっとも、あとから知ったのだが、杏奈《あんな》はこのマッシミリアーノにずっとあこがれていたらしい。

しかし、二年目の公式試合のあとに、先生からこういわれた。

「杏奈《あんな》は、瞬発力《しゅんぱつりょく》はあるが、いかんせんスポーツ的攻撃性《こうげきせい》に欠けます。これはけっこう致命的《ちめいてき》。性格《せいかく》の問題なので、練習すればいいというものではないんですよねえ」

なるほど、フェンシングには向いていないのかもしれない。市営《しえい》のスポーツクラブは、生徒から授業料《じゅぎょうりょう》をもらうとはいえ、もうけ主義《しゅぎ》ではないため、正直な感想をいってくれるのだ。

このころ音楽に目覚めたこともあって、杏奈《あんな》のフェンシング熱はすっかり冷めはじめていた。

7-3 ―― フェンシングスクールで告白《こくはく》に立ちあう

フェンシングスクールが家から遠いので、夫かわたしのどちらかが車で送り迎《むか》えをしていた。ここはとても安全な地域《ちいき》だが、田舎《いなか》ゆえにバスの本数が少ないのだ。

このスクールには、すてきな女の子がいた。スラリと背《せ》が高い彼女《かのじょ》の名前は、ヴィオラ。大きな目が印象的《いんしょうてき》で、栗色《くりいろ》のロングヘアは腰《こし》まであり、真っ白いウエアを着てフェンシングをする姿《すがた》が様になっていた。彼女《かのじょ》を見つめる男子はとても多かった。

夏休み前のある日、ヴィオラや杏奈《あんな》たち女子数人が、われわれ親のいるベンチの前方でおしゃべりをしていたら、コジモがスタスタと歩いてきて、立ち止まった。

彼《かれ》はヴィオラと同じ十歳《さい》。フェンシングが強く、いつも堂々《どうどう》としている。

コジモが「ヴィオラッ！」と、やけに緊張《きんちょう》した声でヴィオラの背中《せなか》に声をかけた。

ヴィオラは、長い髪《かみ》をゴムで結びながらふり向いた。

「なに？」

「オレさ、きみのことが好きなんだ。だから……オレの彼女《かのじょ》になってくれない？」

まわりの子どもたちがキャーキャーピューピュー大さわぎをした。杏奈《あんな》もうしろで他の子たちとクスクス笑っていた。

こういった「公開告白《こくはく》」は、イタリアでたまに見かける。だれだって断《ことわ》られたらはずかしいだろうから、自信のある人しかしないのかもしれない。もしくは、ダメもとでするのかもしれない。いずれにしても勇気がある。

ベンチにすわっていたコジモのマンマも、心配そうに見守っていた。

ヴィオラはにっこりほほ笑《え》んで、こういった。

「ありがとう、コジモ。考えておくよ」

余裕《よゆう》のある答えだった。

みんなが見ている前で告白《こくはく》するコジモは、赤くなりながらも、堂々《どうどう》たる態度《たいど》だった。自信があったのか、もしくは、

「おい、男どもよ、よく聞け。こうやって先に告白《こくはく》したんだから、ヴィオラはオレのものだ。おまえら、ヴィオラにちょっかい出したら許《ゆる》さないぞ」

という、けん制《せい》だったのかもしれない。

このあと二人がどうなったかは、残念ながら杏奈《あんな》も知らない。杏奈《あんな》はこのあとフェンシングをやめて音楽をやることにしたし、通っている小学校もちがった。

ただ、コジモの性格《せいかく》だと、たとえヴィオラにふられても、何度でもアタックしたのではないだろうか。彼《かれ》のフェンシングのものすごい攻撃《こうげき》スタイルのように。

そしてついに、美しいヴィオラを振《ふ》りむかせることに成功したのではないかと、想像《そうぞう》する。

7-4 ―― 本格的《ほんかくてき》な習いごと　音楽

ある日、杏奈《あんな》が親友のステッラの家から帰ってくるなり、「コンセルヴァトーリオ（国立・公立の高等音楽院）に入りたい」といい出した。九歳《さい》になったばかりの春だった。

ステッラのお姉さんは、コンセルヴァトーリオのバイオリン科に通っていた。ステッラも子どもクラスに入るという。

ステッラの家で「ネコふんじゃった」をピアノで弾《ひ》いたら、おかあさんとお姉さんに「音感がある、音楽院に入って、なにか楽器をやった方がいい」といわれたらしいのだ。この「ネコふんじゃった」はわたしが杏奈《あんな》に教えた数少ない曲だった。

なにもそんな本格的《ほんかくてき》な学校に入らずとも、街の音楽教室でいいではないかと思い、あちこちの教室へレッスン見学に連れて行った。が、本人が気に入らず、最後にコンセルヴァトーリオを見学しに連れて行くと、杏奈《あんな》が「ここだ！」といった。

たしかに教育が本格的《ほんかくてき》だし、公立なので月謝《げっしゃ》も安いのだが、入るのも出るのも非《ひ》常《じょう》にむずかしいので有名だ。

「きびしいし、遊ぶ時間が減《へ》るし、学校と両立させるのはすごく大変だよ？」

そう説明すると、杏奈《あんな》はよく考えるといった。

習いごとをさせたがる親が多いのに、変な親だ、とあなたは思うかもしれない。

しかし、クラシックピアノでトラウマを経験《けいけん》したわたしは、きびしい習いごとの苦痛《くつう》を実感していたのだ。


それからしばらくして、フィレンツェの大聖堂《だいせいどう》で開かれたコンセルヴァトーリオの生徒のコンサートを聴《き》いた杏奈《あんな》は、フルートの音に恋《こい》をした。それで「フルートをやりたい！」と宣言《せんげん》した（この辺のエピソードは、小説『アドリブ』のモデルにもしたので、ご興味《きょうみ》のある方はぜひ読んでみてください）。

あまりに熱心だったので、まず杏奈《あんな》を九月からコンセルヴァトーリオの子ども教室に入れてみた。

この子ども教室にはだれでも入れる。そこではさまざまな楽器で遊び、かんたんな楽譜《がくふ》の読み方を習得《しゅうとく》し、コーラスの練習をする。

先生たちが子どもたちの音感やリズム感などを確認《かくにん》しつつ、その子の可能性《かのうせい》を見きわめる一年でもある。例えば、音程《おんてい》は外れるがリズム感がとくに優《すぐ》れていた子は、パーカッション科を勧《すす》められる、というように。

翌年《よくとし》、杏奈《あんな》は入学試験を受けることを勧《すす》められ、本人希望のフルート科を受けた。十歳《さい》だった。

評判《ひょうばん》の良いT教授《きょうじゅ》のクラスを目指して試験に来ていたのは、三十人以上で、新入生枠《わく》は三人。みな自分のフルートを手にしていて、手ぶらで試験を受けたのは杏奈《あんな》だけだった。

全員がすでに一年や二年はフルートを吹《ふ》いていると聞いて、杏奈《あんな》が受かる可能性《かのうせい》はまったくないだろうと思った。

ところがT教授《きょうじゅ》は、「へんなクセがついているより、経験《けいけん》がないほうが良いのです。音感とリズム感を調べれば将来性《しょうらいせい》がわかります」といった。

入試は、教授《きょうじゅ》が叩《たた》く複雑《ふくざつ》なリズムをリピートすること、また、ピアノで鳴らされた音を忠実《ちゅうじつ》に声で再現《さいげん》することだった。

杏奈《あんな》は奇跡《きせき》的にパスした。教授《きょうじゅ》から電話が来たのだが、その結果を知った杏奈《あんな》は、うれしさのあまり飛び上がった。

こうして杏奈《あんな》は、晴れてフルート科の予科に入った。ここから予科一年、本科の七年コースが始まる。

このT教授《きょうじゅ》は名指導者《めいしどうしゃ》として有名で、近郊《きんこう》の県からもわざわざ通う生徒がいる。となりのクラスのゆるい教授《きょうじゅ》とは大ちがいにきびしかった。

最初の一、二年でその生徒に才能《さいのう》がないと見切ったら、T教授《きょうじゅ》は告《つ》げる。

「きみには他の才能《さいのう》があると思う。フルートを続けても意味がない」

スパッと切られて、泣きながら出ていく生徒を何度か見たことがある。

あるお母さんが怒《おこ》って、学生ホールで先生を捕《つか》まえて「冷たすぎる」と抗議《こうぎ》をしたのも聞こえてきてしまった。

しかし、T先生にいわせるとこうだ。

「ここはプロを目指すための学校です。これからもっときびしくなるし、より良い楽器に買いかえたりコンクールに参加したりなど、費用《ひよう》がかかります。早めに見切りをつけさせてあげるのが正しいことだと、ぼくは信じています。才能《さいのう》がないといわれても必死に食らいついてくるようなら、ひょっとすると可能性《かのうせい》があるかもしれませんが、長年の経験《けいけん》から、生徒の伸《の》び方を見れば判断《はんだん》できます。息子さんには音楽以外の才能《さいのう》があるはずだから、それを探《さが》すべきでしょう」

学生のホールのエントランスで耳をそば立てながら、まるで自分がいわれたような気がして、胸《むね》がちくちく痛《いた》んだ。

しかし、T教授《きょうじゅ》の言葉は真実だなとも思った。ちがう楽器に変えるという手もあるだろうが、イタリアの音楽家がよく使う「ムジカーレ（音楽的）」かどうかというのは、楽器を変えても変わらないらしい。

杏奈《あんな》が通ったころのT教授《きょうじゅ》の生徒十五人のうち、卒業後にプロの演奏家《えんそうか》になったのは、わたしの知る限《かぎ》り二人。この二人はヨーロッパ内のオーケストラの団員《だんいん》になり、活躍《かつやく》していて、いろんなところで名前を見かける。

このあと外国の名門音楽院の修士《しゅうし》コースに入った人たちもいる。

ほかにも、趣味《しゅみ》やセミプロとして演奏《えんそう》をしている人は多いようだが、演奏《えんそう》だけで生計を立てられるようになった人は少ないようだ。

他の人は、まったくちがう仕事についたり、音楽の先生になったり、音楽関係の会社に入ったり。

プロの演奏家《えんそうか》になった人が少なすぎると思うかもしれないが、日本の音大を出ても、同じようなものらしい。たいていは音楽教室で教えたり、副業をしていたり、楽器店で働いたり、まったくちがう職業《しょくぎょう》につく。こう教えてくれたのは、国立音大や東京藝大《げいだい》など有名音大出身の人たちだ。

本当にきびしい世界である。

杏奈《あんな》は念願のフルート科に入ってからというもの、大いそがしだった。

日本語補習校《ほしゅうこう》もフェンシングもやめたが、音楽院と小中高校の二本立てだけでも、大変なスケジュールをこなさなくてはならなかった。

音楽院は、楽器の個人《こじん》レッスンのほかに、コーラス、オーケストラ、ソルフェージュや音楽理論《りろん》、音楽史《おんがくし》などもあり、週に三回は夕方から夜まで行かなければならない。そして家では毎日最低一時間半は吹《ふ》かねばならない。少しサボると、先生にすぐバレてしまう。

「時間がない、時間がない」

と、ブツブツいうので、わたしは決まってこういったものだ。

「フルートはいつやめてもいいんだよ？」

「やめないよ。まだ吹《ふ》きたい曲を吹《ふ》けるレベルにすら達していないのに！」

T教授《きょうじゅ》は想像《そうぞう》以上にきびしかったが、良き指導者《しどうしゃ》でもあった。全力で指導《しどう》する姿《すがた》は、感動的ですらあった。

生徒たちは確実《かくじつ》にうまくなっていくのを実感するし、少しずつ吹《ふ》ける曲のレパートリーが増《ふ》えてくると、苦しい先に楽しみが増《ふ》える。

杏奈《あんな》は進級試験に無事パスしてフルート本科の一年生になり、T教授《きょうじゅ》から練習時間を増《ふ》やすようにいわれた。

さきほどプロになったと書いた二人は、平日でも毎日三、四時間は練習したらしい。

「学校と音楽院の両方に行って、フルートを三時間吹《ふ》くと、勉強をする時間もだれかと遊ぶ時間もない。成績《せいせき》は落第させられないギリギリのレベルだよ。でもべつにいいんだ。自分にはフルート以外の選択肢《せんたくし》はないから」

十代前半の彼《かれ》らからこういう言葉をきいてびっくりした。

すごい覚悟《かくご》だ。

バイオリン科やピアノ科の子たちは、もっと長時間練習するらしい。学業や、友だちや、遊び。それらすべてを犠牲《ぎせい》にして、全力で音楽に向き合う彼《かれ》らを尊敬《そんけい》する。

杏奈《あんな》は学校も音楽も両方うまくいかせたかった。ひとつにしぼれなかったのだろう。

早い時期に国際《こくさい》音楽コンクールに入賞《にゅうしょう》したから、てっきり才能《さいのう》があるのかもしれないとかんちがいしたことがある。だが、選択肢《せんたくし》がひとつしかないという覚悟《かくご》も、ねばりづよく続ける力も、ともに才能《さいのう》だ。

杏奈《あんな》は週末こそ三時間ぐらい吹《ふ》いたが、平日はせいぜい一時間半。彼女《かのじょ》の優先度《ゆうせんど》では、学業が上だったのだ。

それでも、音楽が杏奈《あんな》にあたえたポジティブな影響《えいきょう》は、はかりしれない。「本気で音楽に向き合ってみてよかった」と、本人は今でもよくいう。たまにフルートアンサンブルやジャズライブに参加するし、それだけで生計を立てていないとしても、音楽を楽しめることは人生を豊《ゆた》かにするだろう。

それに、部活でも趣味《しゅみ》でも、なにかに真剣《しんけん》に取りくんだことのある人は、強いと思う。

わたしのように、さっさとピアノをあきらめた人にはわからない景色が、彼《かれ》らには見えるにちがいない。

小学校のほうは、いわゆる卒業式がなかった。親が学校の入口に迎《むか》えに行って写真を撮《と》るだけだったので、日本の卒業式をイメージしていたわたしは、拍子《ひょうし》抜《ぬ》けした。

少し涙《なみだ》ぐんでいた生徒もいたが、杏奈《あんな》やステッラはまったく通常《つうじょう》モードだった。

ふたりは、いつも先を見る性格《せいかく》なのだ。あまりノスタルジックに過去《かこ》をふりかえらないところも、似《に》ている。

その年の九月、杏奈《あんな》は十歳《さい》半で中学校に入った。

中学校編《へん》

（通常《つうじょう》十一歳《さい》から十四歳《さい》）

＋

少し高校編《へん》

（通常《つうじょう》十四歳《さい》から十九歳《さい》）

1 ブランドガールズ

1-1 ―― 人気の中学校とクラス分け

杏奈《あんな》が入った公立中学校は、公立私立《しりつ》合わせて県内でもっとも評判《ひょうばん》がよく、入学希望者が多かった。少子化時代だというのに、各学年に七クラスもあった。ひとクラスが二十五人ぐらいとはいえ、けっこうな人数だ。

ここには、じつにいろんな生徒が通っている。地元の子、イタリアのちがう州から引《ひ》っ越《こ》してきた子、EU内外からの移民《いみん》、難民《なんみん》のほかに、丘《おか》の上の小学校にはいなかったような大金持ちの子や、元貴族《きぞく》（イタリアは王制《おうせい》を廃止《はいし》して久《ひさ》しい）の子もいた。

中学生にもなると、クラスに小さなグループがいくつかできる。

上流階級はたいてい家族ぐるみでつきあうので、子どもたちも仲間意識《いしき》が強く、彼《かれ》ら同士《どうし》でグループを作る。

移民《いみん》の子たち同士《どうし》もグループを作ることが多い。同じ言語や習慣《しゅうかん》だと、やはりつきあいやすいのだろう。

中学校に入学する前に、まず第二外国語の選択《せんたく》がある。これでクラスがしぼられる。この中学校ではフランス語とスペイン語という選択肢《せんたくし》があった。

さらに、同じクラスになりたい人の名前を二人まで書ける。もちろん、相手も自分の名前を書いている必要があるが、少なくともひとりとは同じクラスになるように配慮《はいりょ》してもらえる。クラス替《が》えはないので、三年間同じクラスメイトと過《す》ごすことになる。

杏奈《あんな》はモニカやステッラと話し合い、フランス語コースで、たがいの名前を書いた。だが、残念ながらステッラだけ、Dクラスになってしまった。

ステッラが書いたのは、杏奈《あんな》と、空手教室の女の子の名前だった。この作戦で、杏奈《あんな》、モニカ、ステッラ、空手教室の子の四人が同じクラスになるはずだったのだ。

おそらく、全員の希望をかなえていると、あるクラスが人数オーバーになり、他のクラスがすかすかになってしまうからだろう。

毎年、この「同じクラスになりたい二人を書く」作戦では、大さわぎになる。三人のグループなら、ほか二人の名前をたがいに書けば確実《かくじつ》に同じクラスになれる。だがステッラのように、ほかのひとりとも同じクラスになりたかった場合、作戦通りにいくとは限《かぎ》らない。

ステッラと杏奈《あんな》はクラスが分かれてしまったが、その後もずっと仲が良い。別々《べつべつ》の高校時代も、国のちがう大学時代も、地球の反対側で社会人になってからも、そして再度《さいど》イタリアの同じ県内に住むようになった今でも、仲の良さは変わらない。

もしあなたが今小中学生で、本当に仲の良い友だちがいるなら、一生の宝《たから》を得《え》たかもしれない。

1-2 ―― ブランドガールズ

杏奈《あんな》のクラスには、目立つ女子が三人いた。みんながネーミングしたのは「ブランドガールズ」だ。そんなふうに呼《よ》ばれていると知ったとき、三人は怒《おこ》るどころか喜《よろこ》んだ。

ブランドガールズたちの家庭はみな裕福《ゆうふく》だったが、ヴィヴィアーナはとくに、パパが社長でマンマは投資家《とうしか》という、とても裕福《ゆうふく》な家庭の子だった。

ヴィヴィアーナは、毎日有名ブランドの服を着て、化粧《けしょう》もバッチリしていた。髪《かみ》をカールさせたり、アイラインとマスカラ、色付きリップクリームなどをつけても、常識《じょうしき》を超《こ》えない限《かぎ》りなにもいわれない。「常識《じょうしき》を超《こ》える」かどうかは、教師《きょうし》の判断《はんだん》によるらしい。

イタリアでは、小さいころにピアスをつける女の子が多い。欧州《おうしゅう》のいくつかの国で見られる習慣《しゅうかん》だ。中学校には、ピアスとブレス

レットをし、軽い化粧《けしょう》をして登校する子がほとんどだ。

制服《せいふく》がないので、服装《ふくそう》は自由だ。禁止《きんし》されているのは、ミニスカートなどの露出《ろしゅつ》の多すぎる服と、ハイヒール。あと、肌《はだ》が丸見えのダメージジーンズ。

生徒は男女ともにジーンズが多い。スカートをはいて登校する子はほとんど見ない。イタリアの女の子に人気なのは、今も昔も、ぴちぴちのスリムジーンズや、ダメージジーンズ。男子はストレートジーンズが多い。


杏奈《あんな》は、別の小学校からの四人と仲良くなった。この四人は、先述《せんじゅつ》の「同じクラスになりたい二人を書く」作戦で、うまいこと同じクラスに入れたらしい。四人のうち特に席の近い二人と杏奈《あんな》は親しくなった。ひとりはジョルジア、もうひとりはミケーラ。

ミケーラは理数系《けい》が得意《とくい》で、きちんと髪《かみ》を結び、赤縁《ふち》のメガネをかけて、いかにも優等生《ゆうとうせい》といったイメージだ。授業中《じゅぎょうちゅう》に先生をアシストしたり発言したりで、初日からどの先生にも気に入られた。

ブランドガールズのボスであるヴィヴィアーナはミケーラを毛ぎらいした。杏奈《あんな》やジョルジアも、ブランドガールズたちのからかいの標的になった。

ブランドガールズたちは、ノーメイクで地味なこの三人をスフィガーテ（ダサい女たち）と呼《よ》び、なんだかんだとからかってきた。

1-3 ―― 単語カード対スマホのアプリ

中学に入学して初めてのテスト直前。

昼休みに、杏奈《あんな》はジョルジアといっしょに、英単語を勉強していた。

二人は、日本の小さな単語カードを使っていた。その単語カードは、杏奈《あんな》が東京で見つけて気に入った、かわいい絵のついたものだった。めずらしがって欲《ほ》しがったジョルジアにもあげた。

最近はイタリアにもカラフルなフラッシュカードがあるが、当時のものは、見た目がかわいくなかったり、大きすぎて使いにくかった。

そのとき、ヴィヴィアーナが近くを通った。

「なにその原始的な方法。スマホで勉強したほうがいいんじゃない？　まさか、まだスマホを持っていないかわいそうな子なの？」

表向きはおとなしい杏奈《あんな》だが、心の中では、きっとフェンシングの剣《けん》で相手を突《つ》いていたことだろう。キッパリと答えた。

「そう。スマホを持っていないかわいそうな子なんだよ」

そのころ杏奈《あんな》が持っていたのは、日本でガラケーと呼《よ》ばれていたものだ。いざというときの連絡《れんらく》のために、一応《いちおう》持たせていた。ネットにもつなげられるが、画面が小さくて勉強には向かない。

ジョルジアは、よりスマホに近い携帯《けいたい》（日本でガラホと呼《よ》ばれていたようなもの）を持っていたが、あえて杏奈《あんな》があげた単語カードを使っていた。

「これのほうが使いやすいし、かわいいから」

「は？　スマホの方がいいに決まってるでしょ」

そのとき、数学の優等生《ゆうとうせい》、ミケーラが横から口をはさんだ。

「どっちが効率的《こうりつてき》かは、結果を見ないとわからないんじゃない？」

ヴィヴィアーナはニタニタ笑った。

「あのねえ、あたし、イギリス人の家庭教師《きょうし》もつけてるんだけど？」

ヴィヴィアーナは、甘《あま》く見ていたのだろう。

彼女《かのじょ》にいわせると、イケてる音楽ではなく〈大昔の音楽〉をやっている「ダサい杏奈《あんな》」と、金髪《きんぱつ》美人なのにすっぴんで「ダサいジョルジア」と、先生のお気に入りの「超《ちょう》ダサいミケーラ」のことを。

ヴィヴィアーナは、発売されたばかりのリンゴマークのスマホ第一号を持っていた。このころは、大人の間でもまだシンプルな携帯《けいたい》電話や、せいぜいブラックベリーという今は存在《そんざい》しないスマホもどきのものが主流で、いわゆるスマートフォンを持っている人は少なかった。ましてや子どもがそれを持つのは、そうとうな贅沢《ぜいたく》だったのだ。

さて、テストの結果は、原始的な単語カード組の大勝利だった。

点数の良い順に返されるので、クラス中が知ってしまう（生徒に失礼なこのシステムはぜひなくしてほしい）。

ヴィヴィアーナは赤点をとってしまい、他の赤点組といっしょに先生から文句《もんく》をいわれた。

テストが返された日、廊下《ろうか》を歩いていた杏奈《あんな》たちのそばを通ったヴィヴィアーナが「このくそセッキオーネ！」と吐《は》きすてて、スタスタ歩いて行った。

「セッキオーネ」とは、「ガリ勉女たち」という意味だ。もちろん批判的《ひはんてき》にしか使わない。

杏奈《あんな》は小声でこういい返したという。

「おのれ、見たか！」

こういうときは、アニメで覚えた日本語のセリフをいいたくなるらしい。

杏奈《あんな》は、「われながらすごいセッキオーナだった」といっていた。

勉強をがんばっていたのは、実は小学校のバナナの皮事件《じけん》で、ひどく傷《きず》ついたからだと。

バカにされないように、差別されないように、小さいけれど一目置かれる存在《そんざい》になりたいという一心だったのだ。

きっかけはそういう悲しい経験《けいけん》だったかもしれないが、結果、自分に少しは自信をつけることができたようだ。

2 いろんな人がいる

2-1 ―― わたしは何人《なにじん》?

その昔、イタリア人といえばブラウン系《けい》の髪《かみ》が多いと思っていた。世界の人がイメージするような、小柄《こがら》で顔が濃《こ》くて黒髪《くろかみ》のイタリア人、というのはおそらく昔の南イタリア人のことだろう。

もっとも、ミラノは南部からの出かせぎ労働者や外国からの移民《いみん》が多数なので、今でも黒髪《くろかみ》や茶髪《ちゃぱつ》の人のほうが多い。

ところが、トスカーナ州の古都に来てみたら、みな背《せ》が高く、しかも明るい色の髪《かみ》が多かったので、わが目を疑《うたが》った。

わたしは同世代の日本人女性《じょせい》の中では大きめなほうだが、バスのなかですっかり埋《う》もれてしまった。現在《げんざい》は国内外からの移住者《いじゅうしゃ》やアジア系移民《けいいいみん》も増《ふ》え、そうでもなくなってきたが。

シエナ史《し》の本を開いてみると、中世には、現在《げんざい》のドイツあたりからの移民《いみん》が少なからずいたと記されているので、その遺伝子《いでんし》を受けついだ人もいるかもしれない。

あるいは、この辺りは紀元前《きげんぜん》の古代エトルリア文明の地でもあるから、ひょっとすると原住民はこうだったのかもしれない。遺跡《いせき》の壁画《へきが》を見ると、ブロンドや赤毛の女性《じょせい》も多く描《えが》かれている。

このような街では、わたしはもちろんのこと、小柄《こがら》で黒髪《くろかみ》に黒い瞳《ひとみ》の杏奈《あんな》はとても目立った。数年前までアジア系《けい》の人が極端《きょくたん》に少なかったこともある。

赤ちゃん時代とちがって、杏奈《あんな》の容姿《ようし》はどんどんアジア系《けい》になり、街を歩けば英語で道を聞かれ、外国人扱《あつか》いされた。

こっちの夏休みを利用して日本の学校に一時入学すればしたで、やはり外国人扱《あつか》いだった。日本では、やはり日本人には見えなかったようだ。

「わたしはどこに行っても外国人だ。わたしはいったい何人なんだろう」

と、杏奈《あんな》はなげいた。ミックスの人々《ひとびと》が抱《かか》えるアイデンティティの問題だ。

杏奈《あんな》は「外国人扱《あつか》いされること」と「じろじろ見られること」がいやで、透明人《とうめいにん》間になりたいと思ったこともあるらしい。

「あ、それ、わたしも若《わか》いころ思ったよ！」

日本人が少なかった時代にミラノに住んで、思いっきりじろじろ見られたわたしも抱《かか》えていた問題だから、杏奈《あんな》の気持ちがよくわかった。わたしが当時ミラノで主流だった黒やグレーなど、目立たない色の服ばかりを着ていたのは、そのためだ。

こういう失礼さはイタリア特有のものなのかと、最初は思った。しかし、日本でも同じ体験をした。日本で、日本人として暮《く》らしていたときには知らなかった事実だ。

それは、家族三人で日本の有名な観光地に行ったときに起きた。デパートのなかの料理店に入ったとたん、顔に穴《あな》があくほどじろじろ見られた。若《わか》いカップルなどもいたが、彼《かれ》らはちらっとも見てこなかった。中高年（おもに女性《じょせい》）の人たちが、わたしたちを順番に観察していたのだ。

わたしたちは静かだったし、変わった服装《ふくそう》をしていたわけでもない。外国人観光客が多い都市なのに、おかしなものだ。

夫はついに腹《はら》を立てて、イタリア語で「こんなに見られてると、おちついて食べられない。オレたちは宇宙人《うちゅうじん》じゃないけどね」なんていった。

このときも、透明《とうめい》人間になるか「失礼ね！」と文句《もんく》をいうか、どちらかしかないと思った。でも結局、無視《むし》することにした。これがいちばん手っ取り早い。

ちなみに、夫とわたしの二人だと、べつに見られない。夫と娘《むすめ》の二人でも見られないらしい。このパパ＋このママ＝生まれたミックスのこの女の子、という方程式《ほうていしき》がよほど気になったらしい。

杏奈《あんな》は、外国人だらけのはずの東京に住みはじめたときも、主に中年の男性《だんせい》たちからじろじろ見られた。電車のなかで横にわたしがすわっていても、親子と思っていないのか遠慮《えんりょ》がない。

ともかく、男女を問わず、見てくるのはなぜかいつも中高年だ。幸い、若《わか》い人たちは、あからさまに人をじろじろ見たりしないようだ（ありがとう、日本の若者《わかもの》たち）。

まったく古今東西、こういう失礼な習性《しゅうせい》はどうしてなくならないのだろう。たとえ髪《かみ》や肌《はだ》の色がちがっていても、どこの国の人かわからない顔でも、とびぬけて大きくても小さくても、変わった歩き方や服装《ふくそう》をしていても、じろじろ見てはいけないのが常識《じょうしき》のはずだ。

そうだ、「じろじろ見るな!」と各国語で書いたTシャツをつくって、着て歩けばどうだろう?

2-2 ――カラフルなクラス

ある日、杏奈《あんな》は同じクラスのニコロの誕生日《たんじょうび》パーティに招待《しょうたい》された。

ニコロは、とても裕福《ゆうふく》な家庭の長男だ。しかもクラス全員だけでなく、両親まで招待《しょうたい》された。杏奈《あんな》はニコロとあまり親しくなかったが、みんなが行くというので、参加することにした。

ジョルジアの両親は招待《しょうたい》を断《ことわ》ったので、わたしたちがジョルジアの送迎《そうげい》を代行した。

わたしと夫は、おしゃれをした杏奈《あんな》とジョルジアを連れて、旧《きゅう》市街のニコロ邸《てい》を訪《たず》ねた。築《ちく》六百年ほどのりっぱな建物には一族が住んでいるらしく、呼《よ》び鈴《りん》には同じ名字とのコンビネーションだった（昔から夫婦《ふうふ》別姓《べっせい》なので、二つの名字が並《なら》ぶ）。

階段《かいだん》をたくさん上り、やっとニコロの家に入ったとき、思わず「おお」といいながらのけぞった。天井《てんじょう》が四メートル以上あり、ずっと天井画《てんじょうが》がつづき、まるで美術《びじゅつ》館《かん》のようだったのだ。

娘《むすめ》がニコロに渡《わた》すプレゼントとはべつに、わたしはニコロのママに菓子《かし》折《お》りを渡《わた》した。彼女《かのじょ》は金髪《きんぱつ》によく映《は》える、深いグリーンのロングドレスを着ていた。

クラスメイトを迎《むか》えにきたニコロは、めずらしくメイクをしておしゃれをしていた杏奈《あんな》やジョルジアを見てびっくりしていた。

子どもたちは奥《おく》の子ども用のダイニングで、そしてわたしたちは、メインのダイニングルームに案内された。そこは、まるでハリーポッターの映画《えいが》に出てくるあの大食堂《だいしょくどう》さながらだった。

高い天井《てんじょう》からおりる豪華絢爛《ごうかけんらん》なシャンデリア、ずらりと席の並《なら》ぶ大テーブル（いくつかのテーブルをつなげてあった）、その上に敷《し》かれた真っ白のテーブルクロス。ずらりと並《なら》ぶビロード張《ば》りのゴシック調のイス。

場所のインパクトが強すぎて、料理をあまり覚えていない。ウンブリア産の高級トリュフをメイドさんが目の前でスライスしてくれたことは、覚えている。

「次はわたしたちをあなたの家に招待《しょうたい》してもらえるかしら？　日本人のクリエイターのお宅《たく》なんて、期待しちゃうわ」

と、そばに座《すわ》っていたニコロのママが、わたしの目を見ながら聞いた。

まずい。招待《しょうたい》してもらっておいて断《ことわ》るのはよくないが、二十五人の子どもたちとその親たちなど、わが家に入れるはずがない。

こういうときは、ジョークを飛《と》ばすしかない。

「いいわよ。ただし、うちはせまいから立食パーティよ。東京の満員電車さながらのぎゅうぎゅう詰《づ》めになるから、覚悟《かくご》してね」

みんなが爆笑《ばくしょう》して、一件《いっけん》落着。ホッとしたのはいうまでもない。

ちなみに杏奈《あんな》は、今まで食べたことのないレベルの食材が次々《つぎつぎ》に出てきて、大喜《おおよろこ》びだったらしい。

「キャビアやトリュフって、おいしいんだね。あんなの初めて食べたよ！」

生活レベルのちがう人々《ひとびと》の家に招待《しょうたい》してもらうことも、貴重《きちょう》な経験《けいけん》のひとつになる。

公立校が基本《きほん》であるイタリアでは、このように、同じクラスにいろんな人がいるのだ。そのおもしろさを改めて実感した日になった。

3 おそろしい口頭試問と氷の先生

3-1 ―― 口頭試問

イタリアの中学校の授業《じゅぎょう》で、なにが日本とちがうかといえば、ズバリ「口頭試問」があることだろう。

日本でも、指名された生徒が立ち上がって答えることは、おそらく毎日のようにあるだろう。だがイタリアの口頭試問は、まったく別ものだ。

まず何日か前に、各科目ごとに四、五人の候補者《こうほしゃ》が指名される。たまに抜《ぬ》き打ちのこともあるが、たいていは、三、四日の猶予《ゆうよ》がある。

候補者《こうほしゃ》たちは、指定されたテーマについて勉強してこなくてはならない。突《つ》っ込《こ》んだ質問《しつもん》をされるので、内容《ないよう》を深く理解《りかい》しておく必要があるのだ。

当日、候補者《こうほしゃ》たちの中から二、三人が当てられる。だれが当てられるかは、最後までわからない。そして、ひとりにつき二十分以上も口頭試問される。

日本のみなさんは、こういう質問《しつもん》をイメージするかもしれない。

「ガリア戦争はいつ起きたか」

「紀元前《きげんぜん》五十八年です」

しかしイタリアの口頭試問は、自由回答（オープン・クエスチョン）だ。

「ガリア戦争はなぜ、どのように起きたのか？」

生徒は、なるべくくわしく説明しなければならない。その戦争のことだけでなく、前後の事情《じじょう》も知っておかなければならないし、話す能力《のうりょく》も評価《ひょうか》される。

質問《しつもん》されたことに対する内容《ないよう》はもちろん、それに関連するべつのこともいうと、さらに評価《ひょうか》が高くなる。

口頭試問の候補者《こうほしゃ》に指名されると、杏奈《あんな》は当日の朝、決まってお腹《なか》が痛《いた》くなるのだった。だからといって毎回休むわけにはいかない。

ある日、杏奈《あんな》はげっそりした顔でわたしにいった。

「あしたの口頭試問の候補者《こうほしゃ》になっちゃったんだけど、ぜったいお腹《なか》がいたくなる。どうしよう。なんか、魔法《まほう》の薬はないのかな」

とりあえず、薬局に行って聞いてみた。

すると、あったのだ。ガラスの瓶《びん》に入った魔法《まほう》の薬。

「緊張《きんちょう》をときほぐすハーブエキスなんです。水に三滴《てき》ほど入れて飲めば、リラックスできますよ。うちの子も試験のときによく使っていました」

成分を読むと、ハーブ数種類とほんの少しのアルコールが入っているだけだ。

口頭試問の少し前の休み時間に、持たせたカップに水をいれてこれを三滴《てき》たらして飲めと指示《しじ》した。

「魔法《まほう》みたいに効《き》くらしいよ！」

効果《こうか》があったのか気のせいなのか知らないが、飲んだとたんに緊張《きんちょう》がほぐれ、お腹《なか》も痛《いた》くならずに口頭試問を受けられたという。

その後、この魔法《まほう》の薬をよく使った。

そのうちに、このエキスがなくても腹痛《ふくつう》にならなくなったので使わなくなったが、あれは本当に魔女《まじょ》が作った薬だったのかもしれない。

なぜなら、イタリア人にとって人生最大のストレスともいわれる高校卒業試験前に、杏奈《あんな》から「念のためにあの魔法《まほう》の薬が欲《ほ》しい」とリクエストされて探《さが》したのだが、見つけられなかったからだ。

同じ薬局に行ったが、経営者《けいえいしゃ》も薬剤師《やくざいし》さんも変わっていて、どれかわからないといわれてしまった。

出してくれたものは、見るからにぜんぜんちがうものだった。

あれは、やはりあの魔女《まじょ》の薬剤師《やくざいし》がつくった魔法《まほう》の薬だったにちがいない。

3-2 ―― 氷の涙《なみだ》

中学校には、きびしくて有名な「技術科目の教師《ぎじゅつかもくのきょうし》」がいた。丘《おか》の上の小学校のあの国語のロッシ先生とはまたちがうタイプの怖《こわ》さだ。向こうが火を吹《ふ》く怪物《かいぶつ》だとすれば、こちらは氷の国の魔女《まじょ》。卒業生が忘《わす》れられない名物教師《きょうし》のひとりだ。

白髪《しらが》を後ろでキュッとまとめ上げ、いつもグレーのスカートと黒のうすいニットを着てグレーのジャケットをはおっていた。腰《こし》を少し曲げて、ローヒールをはいてコツコツと音を立てながら歩いてくると、教壇《きょうだん》のイスにすわり、老眼鏡《ろうがんきょう》を下にずらし、氷のような水色の目でみんなをじろりと見まわす。

いつのまにか、この先生に「プロフェッソレッサ・ディ・ギアッチョ（氷の女教師《きょうし》）」というニックネームがついた。しまいには「教師《きょうし》」さえもとれて、ただの「ギアッチョ（氷）」になった。

氷の先生はジョークもいわないし、ニコリともしない。

生徒たちの間では百歳《さい》といううわさも流れていたが、イタリアの定年退職《たいしょく》は六十五歳《さい》なので、それ以下だったことはたしかだろう。

技術《ぎじゅつ》、といっても日本のように物を実際《じっさい》に作るなら楽しいかもしれないが、イタリアの場合、ものづくりはしない。

「こんなのできたところで、建築士《けんちくし》やエンジニアになるわけじゃないし、今は製図《せいず》ソフトがあるし！」

と、みんながブウブウ文句《もんく》をいった通り、要は製図《せいず》の練習である。

正面図、平面図、断面図《だんめんず》、側面図に加え、正投影図《せいとうえいず》、パースペクティブと、まさにプロダクトデザインや建築《けんちく》の世界だ。

最初はシンプルな幾何学《きかがく》図形から始まった。だが、だんだん複雑《ふくざつ》な形になり、しまいには建物図面というように発展《はってん》していき、生徒たちは悲鳴をあげた。

しかも氷の先生がきびしいのなんの。かたっぱしから赤点をつけていくのだ。イタリアの学校の評価《ひょうか》は（高校・大学の卒業試験以外）十段階評価《だんかいひょうか》であり、五以下で赤点だ。高校はとてもきびしいが、中学校の場合、たいてい悪くても五であり、よほどのことがない限《かぎ》り、それ以下はつけない。

しかし氷の先生は、生徒に容赦《ようしゃ》なく四とか三、たまに二、最悪の場合は一をつけた。

「なにこの線。定規《じょうぎ》をまともに使えないんですか？」

「始点からしてズレています！」

主要科目（国語、数学、英語）でなくても、赤点科目が多ければ留年《りゅうねん》してしまうのだから、生徒はたまったものではない。ここ数年、中学生の留年《りゅうねん》は少なくなってきたものの、なくなったわけではない。

わたしと夫は、仕事でコンピュータ図面用ソフトや昔ながらのドラフターという「製図台《せいずだい》」も使っていたので杏奈《あんな》にアドバイスできたが、ふつうの子は描《か》けなくてあたりまえだ。中学生にはむずかしすぎる内容《ないよう》だったのだ。

杏奈《あんな》も製図《せいず》は好きではなかったようだ。宿題のたびに、

「将来《しょうらい》、設計《せっけい》分野のほうに行かない人にとって、これを勉強する意味はどこにあるの？」

などと文句《もんく》をいっていた。

二者面談のとき、先生に聞いてみた。わたしと夫がプロダクトデザインをやっていることを白状《はくじょう》した上で、この技術《ぎじゅつ》という科目の意味について、知りたかった。

氷の先生は、無表情《むひょうじょう》のまま、うなずいた。

「なるほど。それでアンナは製図《せいず》が得意《とくい》なんですね。まあ、みなさん同じことをおっしゃいますよ。その道を目指していないのに、なぜ製図《せいず》を学ぶ必要があるのか。専門《せんもん》のソフトウエアもあるというのに、と」

「はい。かなり高度なレベルを要求なさっている気がしたので」

「形や構造《こうぞう》を理解《りかい》し、図面として描《えが》き読むことができるスキルは、将来《しょうらい》どんな仕事をするとしても、むだにはならないと思います。それに中学校のカリキュラムにある以上、手抜《てぬ》きはせず、きびしく指導《しどう》します。そうでなければ、やる意味がありません」

こうして、生徒や親たちの文句《もんく》にもかかわらず、氷の先生の宿題が少なくなったり採点基準《さいてんきじゅん》が甘《あま》くなることは、決してなかった。

氷の先生は、三年生の進路相談三者面談までは、感情機能《かんじょうきのう》のこわれたロボットなのかと思うほど無表情《むひょうじょう》の仮面《かめん》をかぶっていた。

ところが、最後の三者面談のとき、仮面《かめん》がはがれた。

杏奈《あんな》の志望校《しぼうこう》である公立クラシック・リセ（高校）のことで相談をしていたら、氷の先生の目が急に優《やさ》しくなった。それどころか、自分の息子がいかにその学校で苦労したか、涙《なみだ》ながらに語りはじめたのだ。

「うちの子はあの高校で大変な目にあいました。この中学校にも裕福《ゆうふく》な家庭の子はいますが、あそこはみんなそうなんです。中学校の教師《きょうし》なんていう庶民《しょみん》の子は少数なんですよ。しかも、教師《きょうし》たちが家柄《いえがら》の良い子たちをひいきするんです。うちの息子は差別され、がんばったのにひどい成績《せいせき》で卒業しました。本当にくやしい思いをしましたよ。失礼ですが、お宅《たく》も中流階級のご家庭でしょう?」

わたしや杏奈《あんな》の服装《ふくそう》を見れば、すぐにわかるのだろう。あるいは、ポンコツの車に乗っているところを見られたのかもしれない。

「え、ええ。中流どころか……」

「それなら、クラシック・リセはお勧《すす》めできません。公立とはいえ、上流階級の子女がいくところ。差別されて、きっとひどく苦労しますよ。アンナがかわいそうです」

しまいにはポロポロ泣きだした先生を見て、杏奈《あんな》はびっくりしていた。

氷の先生は完全に溶《と》けていたのだ。

なんと声をかけて良いかわからず、とにかくお礼をいって部屋を出た。

そのあと車に向かったわたしと杏奈《あんな》は、しばらく無言だった。

「……いやあ、びっくりしたなあ。杏奈《あんな》、どうする?」

「まさか氷の先生が泣いちゃうとは思わなかった！　でも、わたしは考えを変えるつもりはないよ。他の先生は大賛成《だいさんせい》してくれたし、同じ敷地内《しきちない》に音楽院もあるから、移動《いどう》するのも楽になるもん！」

「そうね。でも、差別されるなら、いやじゃない？」

「大丈夫《だいじょうぶ》だよ。ジョルジアも同じ高校に行くっていうから、同じクラスになるように互《たが》いの名前を書くことにしたんだ。ジョルジアだってふつうの家の子だけど、お兄ちゃんはクラシック・リセでずっとトップの成績《せいせき》だよ？　きっと階級差別なんかないよ。もしあったとしても、なんとかなるって！」

「差別はなんとかなるとして、一番きびしい高校と音楽院の両立は、きついと思うけどなあ。もう少し楽な高校にすればどう？」

「自分で選ぶんだから、がんばる」

留年《りゅうねん》リスクの少ない高校を推《お》したかったが、習いごとでも学校でも、結局は本人の希望通りにするのがもっとも良いと信じている。

親の意見を押《お》し通しても、本人が納得《なっとく》していないのでは、きっとうまくいかない。逆《ぎゃく》に、自分で選んだ道ならばがんばれるだろうし、万が一うまくいかなくても、あきらめがつくはずだ。

本人がどうしても行きたいというので、結局クラシック・リセに願書を出した。

当然、杏奈《あんな》はとんでもない苦労をした。

が、その話は後で書くことにしよう。

4 バイリンガル、マルチリンガル……

4-1 ―― 修学《しゅうがく》旅行は南仏《なんふつ》へ

イタリアの学校には運動会や文化祭はないが、遠足や修学《しゅうがく》旅行はある。

杏奈《あんな》の中学校では、三年生のときに、選択《せんたく》した第二外国語別に修学《しゅうがく》旅行の行き先が決まった。スペイン語のクラスはスペインへ。スペインは少し遠いので、飛行機で行ったらしい。
A、B、Cクラスはフランス語専攻《せんこう》なので、となりのフランスが行き先だった。つき添《そ》いの先生は、フランス語の先生と、フランス語がペラペラの美術《びじゅつ》の先生。
となりのフランスといっても、中部トスカーナ州からなので、貸切《かしきり》バスでフランスのニースまで六時間近くもかかった。

三泊《ぱく》四日の間、イタリア語の使用禁止令《きんしれい》が出た。

同室の友だち同士《どうし》ではこっそりイタリア語も使ったらしいが、一歩部屋を出たら、イタリア語は一切使えない。二人の先生ともフランス語で話さなければならない。美術館《びじゅつかん》や遺跡《いせき》などの説明も、すべてフランス語だ。

帰ってきてからしばらくはフランス語で寝言《ねごと》をいうぐらい、フランス語にどっぷり浸《つ》かった四日間だったようだ。

イタリア語禁止《きんし》作戦は、有効《ゆうこう》だったようだ。

やはり語学習得《しゅうとく》は、これに限《かぎ》る。

4-2 ―― バイリンガル教育

自分の子育て経験《けいけん》から、幼《おさな》い子のバイリンガル教育に少し疑問《ぎもん》を持っている。その理由は、子どもにストレスがたまると思うからだ。

高校生や大学生になってからでも語学を習得《しゅうとく》できる。あせる必要はないのではないか。

かくいうわたしも、杏奈《あんな》をバイリンガルに育てようと必死だった。母が日本人なのだから、日本語を話せるようになるのはあたりまえだと思ったのだ。

だが、途中《とちゅう》で断念《だんねん》した。

杏奈《あんな》は、幼稚園《ようちえん》までは日本語の方が得意《とくい》だった。たまにパパや祖母《そぼ》にうっかり日本語でいって理解《りかい》されないと、がっかりしていたものだ。

それが、一日のほとんどを幼稚園《ようちえん》で過《す》ごすようになると、イタリア語の方が第一言語になった。まあ、当然のことだろう。
四、五歳《さい》になると、むずかしいことを説明するのに日本語だとうまくいかず、杏《あん》奈《な》がイライラし始めた。あまりにストレスがたまっていたようなので、ついにこういった。
「もう、イタリア語でもいいよ！」

すると、パッと明るい顔つきになって、わたしともイタリア語で話すようになった。

一度そうすると、もう日本語は使わなくなる。もったいないとは思ったが、ストレスがたまるのはもっと良くないと思い、あきらめたのだった。

バイリンガル教育終了《しゅうりょう》。

杏奈《あんな》はイタリアで生きていくのだから、イタリア語をメインにするべきなのだろう。

なぜわたしが母語（マザーランゲージ）とか母国語という言葉を使わないかというと、「母」も「国」も関係ないと思うからだ。

強《し》いて「母」という言葉を使うならば、「母校語」がしっくりくる。初等教育を何語で受けたかが、一番大きく影響《えいきょう》すると実感している。

ところが、杏奈《あんな》が小学生だったころ、また日本語を始めるチャンスがやってきた。あるパーティで日系《にっけい》の女の子と知り合ったのだ。その子が週一回の日本語補習《ほしゅう》校《こう》に行っていると聞いて「自分も通ってみたい」といったのだ。

こうして杏奈《あんな》は、日本語補習校《ほしゅうこう》に通うことになり、土曜日の午後はわが家から車で一時間強のフィレンツェ郊外《こうがい》に、送りむかえした。

昼過《ひるす》ぎに家を出て、杏奈《あんな》は午後いっぱいそこで勉強する。わたしか夫はそのあいだ他の親たちとしゃべったり、ノートパソコンで仕事をしたりしながら、延々《えんえん》と待つ。

そんな生活が三年ほどつづいたが、音楽院を始めるにあたって、杏奈《あんな》にはあきらかに時間が足りないようだった。

漢字の勉強は大変だ。日本の子どもたちは漢字習得《しゅうとく》に毎日多くの時間を費《つい》やすのだから、週に一回だけの学校なら、当然宿題だらけになる。

友だちと遊ぶ時間がなくなるし、音楽院と学校、さらに日本語補習校《ほしゅうこう》を同時進行するのは不可能《ふかのう》だった。もし可能《かのう》だとしても、きっとどれもうまくいかなくなっただろう。

本人と話し合って、音楽院フルート科に入学すると同時に日本語補習校《ほしゅうこう》をやめた。これは英断《えいだん》だった。杏奈《あんな》の表情《ひょうじょう》にゆとりができたからだ。

日本語補習校《ほしゅうこう》のバイリンガル教育の子たちを見てきてわかったのは、イタリアの学校で苦労している子がけっこういたこと。

国語（イタリア語）が苦手だと、ほかの教科まで苦手になってしまう。説明の多い歴史《れきし》などはもちろん、教科書が文章中心のイタリアでは、科学や美術《びじゅつ》や音楽や地理などの読解にも苦しむことになる。このことで、ほかの親たちが悩《なや》みを語りあっていた。

言語の専門家《せんもんか》などがよくいうのは、これだ。

「第一言語があやふやなままだと、単純《たんじゅん》なことしか考えられなくなる」

なるほど、もっともだ。抽象的《ちゅうしょうてき》な概念《がいねん》を表す言葉をたくさん知っていて、しかも文章として構築《こうちく》できないと、考えもまとまらないしうまく表現《ひょうげん》できない。

4-3 ―― 後でバイリンガルになる！

バイリンガルには後からでもなれる。小さいころからやらないと無理だ、とあきらめるのは早い。

わたし自身、後からなった（ほぼ）バイリンガルだ。読み書きに関しては、日本語のほうが断然得意《だんぜんとくい》だが、会話ならイタリア語の方が楽なときも多い。

留学《りゅうがく》したとき、すべての手続きを自分でしなくてはならなかった。

授業《じゅぎょう》は、最初の英語同時通訳《つうやく》つきの三か月後はすべてイタリア語だったし、卒業後に立ち上げたデザインスタジオのクライアントの半分以上はイタリア人だったので、イタリア語を話すのは必然だった。

夫は日本語の話せないイタリア人だから、日本に帰国しているときと、執筆《しっぴつ》と読書、日本人と会うとき以外は、日本語をまったく使わない生活を何十年も続けている。

コロナ禍《か》で三年以上も帰国できなかったとき、もう一生帰れないままイタリアに骨《ほね》をうずめるのかと思うと、残念でならなかった。

大げさだと思うかもしれないが、コロナ禍《か》のイタリアのロックダウンはおそろしくきびしかったので、悲観的になってしまったのだ。

語学というのは、使わないと忘《わす》れてしまう。自分の国の言葉でさえ、長年使わないと、どんどん忘《わす》れてしまうものだ。

数年ぶりの帰国だと、日本語よりもイタリア語が先に出てきてしまう。電車で足を踏《ふ》まれると、つい「アイヤ！（いたたっ）」が出るし、人とぶつかると、「スクージ！　じゃなかった、すみません！」などといってあたふたする。

最初の数日は、日本語を聞き取るのも、それなりに大変だ。数年ぶりに帰国したとき、はずかしい思いもした。

コンビニのレジで、やたらに早口で「○ポイントカードか○カードをお使いですか?」と聞かれたのだが、目をぱちぱちさせて「え?」となった。

かなり早口でいわれたのは確《たし》かだが、そもそもなんのカードのことなのか、さっぱりわからなかったのだ。一回その存在《そんざい》を知ると、もちろんdだのナナコだのポンタだのの名称《めいしょう》が頭に入り、わかるのだけれど。

これはまさに、海外旅行先で現地《げんち》の人と話しているツーリストの心境《しんきょう》ではないだろうか。

とはいえ、やはり故郷《こきょう》は故郷《こきょう》だ。

一週間もすれば、早口の日本語の聞き取りもできるようになり、あわてた時にうっかりでる言葉も日本語にもどる。

人生の大半をイタリアで過《す》ごしているのだから、バイリンガルで当然かもしれない。だが正直、移住《いじゅう》して一年ぐらいで、イタリア語のレベルは今とほぼ同じレベルになったと思う。最初の一年が重要なのだ。

みなさんも、もし海外に一人で留学《りゅうがく》するなら、少なくとも三か月から半年ぐらいは死ぬ気でがんばり、日本語を一切読まない、話さない、聞かない、という地獄《じごく》を味わったほうがいいと思う。日本のことは一切忘《わす》れて、その国の言語や文化にどっぷり浸《つ》かるのだ。

さびしいし、苦しいし、泣きたくなる。帰りたくなる。

が、かならず成果がある。

心を鬼《おに》にして、最初だけは日本人の友だちを作らないことも重要だ。そうでないと、居心地《いごこち》が良くて、つい日本語ばかり話してしまうだろう。

ついでに、最初はできれば現地《げんち》のものを食べたほうがいい。食文化も含《ふく》めて学ぶのだ。

わたしもそうした。もっとも、貧乏《びんぼう》学生だったので、日本食材を買う余裕《よゆう》がなかったというのが一番大きな理由だけれども。

そういう苦しい生活をやると、どんなに語学習得《しゅうとく》が不得意《ふとくい》だと思っている人でも、ぐんぐん伸《の》びるはずだ。

ところで、外国に住めば、その国の言語が話せるようになるのかというと、そうでもない。四十年以上イタリアに住んでも、イタリア語をあまり話せない日本人の知人がいる。

彼《かれ》にいわせると、こうだ。

「イタリア人って辛抱《しんぼう》強く聞いてくれるじゃない？　だからカタコトでも、なんとかなるんだよ。仕事も日本語だから、あまり必要ないしね」

なるほど、クライアントが日系企業《にっけいきぎょう》で、奥《おく》さんが日本人となれば、イタリア語を話す必要はあまりないかもしれない。

銀行や役所、税理士《ぜいりし》との手続きや、医者にギリギリ通じるていど話せれば、なんとかなってしまう。彼《かれ》の場合は、奥《おく》さんのほうが熱心にイタリア語を勉強し、手続きなどは奥《おく》さんがやっていたらしい。

そういう状況《じょうきょう》であれば、何年、何十年住もうが、外国語はあまり上達しないだろう。

つまり、住んだ年数は、語学力の基準《きじゅん》にはならないのだ。

逆《ぎゃく》に、日本から一歩も出なくても外国語がペラペラの知人も数人いる。

その人たちは外国語の本を読み、その国の映画《えいが》を音声オリジナル言語にして、その言語の字幕《じまく》を入れて観《み》る。ニュースだってその国の言葉で読むようにしている。

さらに友だちに外国人が多く、その言語を使うことが多い。

べつに天才ではないと、彼《かれ》らは断言《だんげん》する。ただ、毎日外国語をたくさん使ったらしい。留学《りゅうがく》しなくても、いざとなれば、そういう方法で「後から（ほぼ）バイリンガル」にもなれるのだ。

もちろん、現地《げんち》に住んでどっぷり現地語《げんちご》に浸《ひた》るほうが早いだろうが、国内でもやろうと思えばやれるらしい。

4-4 ―― 好きこそなれる

さて、話を杏奈《あんな》にもどそう。

日本語補習校《ほしゅうこう》に行かなくなり、一年おきの夏休みに行っていた日本での一時入学もしなくなり、わたしとも日本語を使わなくなった杏奈《あんな》は、日本語を忘《わす》れてしまった……かと思いきや、そうでもなかった。

日本のアニメとマンガが大好きになり、イタリアのテレビで放映《ほうえい》されていないものもネットを通して毎日観《み》たからだ。

杏奈《あんな》のお気に入りはたくさんありすぎて書ききれないが、とくに「鋼《はがね》の錬金術《れんきんじゅつ》師《し》」「のだめカンタービレ」「宇宙《うちゅう》兄弟」あたりだろうか。

イタリアには、日本のアニメファンが多い。ハイジやハム太郎《たろう》、ポケモン、セーラームーン、犬夜叉《いぬやしゃ》、ドラゴンボール、ワンピース、ハイキュー、ジブリ作品のすべて、そして近年では進撃《しんげき》の巨人《きょじん》や鬼滅《きめつ》の刃《やいば》など、枚挙《まいきょ》にいとまがない。

杏奈《あんな》は英語圏《けん》のオンラインアニメ番組を観《み》ていたので、音声は日本語で、字幕《じまく》は英語だった。これで英語と日本語の両方を同時に学んだのである。

まさに「好きこそものの上手《じょうず》なれ」である。

また、ボローニャでこんなイタリア人と知り合ったことがある。日本語を完璧《かんぺき》に話せるから、「何年ぐらい日本に住んだのですか?」と聞いたら、一度も住んだことがないというのだ。たった二度旅行しただけと聞いて、わが耳を疑《うたが》った。彼《かれ》は高校時代に日本のアニメが好きになり、そこから猛《もう》勉強し、大学の日本語学科を優秀《ゆうしゅう》な成績《せいせき》で卒業したそうだ。

目をとじていれば日本人としか思えないほど、発音も、文法の正確《せいかく》さも、語彙《ごい》の豊富《ほうふ》さもすばらしかった。

ここでもまた「好きこそものの上手《じょうず》なれ」である。

バイリンガル、マルチリンガルを目指すみなさん。

あなたが本気で望むなら、後からでもバイリンガル、マルチリンガルになれる。もしあなたが方言と標準語《ひょうじゅんご》を話すなら、すでに半分バイリンガルみたいなものだ。そう考えると、だれでもできるということを理解《りかい》してもらえると思う。

ぜひ、楽しいことをしながら、あるいは好きなことのために語学習得《しゅうとく》を目指してほしい。そうすれば努力も苦労にはならないから、きっと実現《じつげん》できるはずだ。

今あるものよりさらに優秀《ゆうしゅう》な同時通訳《つうやく》ツールができたとしても、自分自身で外国語を話し、理解《りかい》できるほうがいい。

似《に》た言葉の持つニュアンスのちがいをＡＩがうまく訳《やく》してくれるかどうか。ちがいに気づかなければ、人間関係で誤解《ごかい》を生むことさえある。

第一、自分で直接《ちょくせつ》話せたほうが、まちがいなく楽しい。

5 パパとマンマの離《り》婚《こん》あるある

5-1 —— 毎週お引《ひ》っ越《こ》し

杏奈《あんな》の中学校のクラスには、アルディアというスポーツの得意《とくい》な女の子がいた。市のバスケットボールチームに入っていて、背《せ》が高くて元気はつらつ。

おとなしい杏奈《あんな》とは正反対の性格《せいかく》だが、たがいを最高にリスペクトしていて、とても良い関係だった。

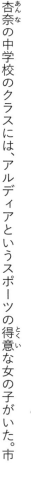

アルディアは、「うちのクラスのアンナって、絵と音楽と文章で表現《ひょうげん》するアーティストだよ。めっちゃ尊敬《そんけい》してる」といって歩いていたらしい。悪口をいいふらす人はいるが、ほめちぎってまわる人は少ないだろう。アルディアは、そういうほがらかな性格《せいかく》なのだ。

杏奈《あんな》は杏奈《あんな》で「スポーツ万能《ばんのう》で、曲がったことが大きらいで、世界一かっこいい女の子」と、アルディアにあこがれていた。

たがいのリスペクトは過去形《かこけい》ではない。高校でもたまたま五年間同じクラスだったし、べつべつの国で大学生や社会人になってからもたまにチャットをしあっているらしい。

そんなアルディアの両親は、離婚《りこん》していた。遠足や修学《しゅうがく》旅行のたびに、アルディアの両親のどちらかが来ていたが、二人とも明朗《めいろう》で、感じの良い人たちだった。

イタリアでは、親の離婚後《りこんご》も父母双方《そうほう》に子の養育責任《せきにん》がある「共同親権《しんけん》」だ。離《り》婚《こん》協議のときに決めた方法で、子どもの監護《かんご》が交代になる。これの良し悪しはべつとして、イギリス、フランス、ドイツなども共同親権《しんけん》だ。

ある日、めずらしくアルディアがわが家に遊びに来た。

「チャオ、アルディア。調子はどう？」

という、イタリア式のあいさつをすると、アルディアは笑った。

「絶好調《ぜっこうちょう》です！　でも今日は引《ひ》っ越《こ》しデーだから、パパが早めに迎《むか》えに来ます」

「引《ひ》っ越《こ》し？」

「ふふっ、日曜日は民族の大移動《だいいどう》なんですよ。一旦《いったん》母の家にもどって、お姉ちゃんとスーツケースをピックアップして、移動《いどう》です」

と、事情《じじょう》を説明してくれた。

両親にはそれぞれのパートナーがいて、姉妹はその両パートナーとも仲良くやっているし、両親も今ではまるで友人同士《どうし》のようだという。

両家に子ども部屋があり、洋服や靴《くつ》やおもちゃは、最低限《さいていげん》のものはどっちの家にも置いてある。学校の教科書や宿題、お気に入りの服などはいつも持っていたいため、一週間おきに荷物をまとめて移動《いどう》するのだそうだ。

笑顔《えがお》を絶《た》やさないアルディアは、こうもいった。

「親が離婚《りこん》しなければ、毎週民族の大移動《だいいどう》をしなくてよいはずだけど、まあ、親が四人ってのも悪くないです。なんてったって、おこづかいもプレゼントも倍だし、バカンスも二か所に行けるし！」

アルディアの明るさに圧倒《あっとう》されてしまった。なんでもポジティブに受け止められるこの性格《せいかく》は、見習わなければならないと思ったほどだ。

わたしは数年に一度しか父に会わなかった。母は父に会うことをひどくいやがったのだ。

両親はたがいに再婚《さいこん》したが、離婚後《りこんご》の二人の関係は最悪で、決してアルディアの家のような明るい感じではなかった。

アルディアのご両親は、離婚後《りこんご》もすばらしい環境《かんきょう》を整え、子どもたちを愛しつづけたのだろう。かんたんなことではないはずだ。

5-2 ――― 異母《いぼ》兄弟

夫のいとこのフランチェスカは、離婚経験《りこんけいけん》のある子持ち男性《だんせい》と結婚《けっこん》した。フランチェスカと継子《けいし》マッシモとの関係は、ぎくしゃくしていた。そのうちに、フランチェスカは女の子を産んだ。

残念ながら、フランチェスカはすでに十歳《さい》になっていたマッシモを、自分の娘《むすめ》ミーナと同じようには愛せなかったようだ。マッシモは、杏奈《あんな》にそのことを相談したことがある。杏奈《あんな》はマッシモよりも五歳《さい》ほど上だから、相談しやすかったのだろう。

実のマンマも再婚《さいこん》して赤ちゃんが生まれたので、マッシモはあっちでもこっちでも、気を遣《つか》うことが多かったにちがいない。

フランチェスカとマッシモは、三、四年かかってやっと親子関係になり始めた。おそらく、ミーナの功績《こうせき》が大きい。なにしろミーナは、十歳上《さいうえ》の義兄《ぎけい》にすっかりなついてしまい、お兄ちゃん大好き！　とマッシモにくっついたからだ。

マッシモは、中学校を卒業するまではマンマや継父《けいふ》と暮《く》らし、週末はパパと継母《けいぼ》の家で暮《く》らした。高校時代の平日はパパと、週末は一週おきに両親の家を行ったり来たりしていた。卒業後は、歯科技工士《ぎこうし》の専門学校《せんもんがっこう》に通うため、パパの家に住んでいる。パパが歯科技工《ぎこう》ラボをもっているので、将来《しょうらい》はそこで働きたいそうだ。

クリスマスは家族と過《す》ごすのが鉄則《てっそく》のイタリアゆえに、マッシモは毎年大変だ。イヴをどちらかの親と過《す》ごし、クリスマスはもう片方《かたほう》の親と過《す》ごす。夏休みも半分ずつだ。

マッシモが向こうの家に行ってしまう日には、ミーナがさびしがる。そんなミーナをマッシモがかわいがっているのは、見ていてほほえましい。

親は離婚《りこん》したものの、マッシモはみんなに愛され、どちらの家庭でも温かい家族にかこまれている。おかげで、今はとても幸せそうだ。

5-3 ―― 愛情《あいじょう》の問題

離婚後《りこんご》の家庭の明るく幸せそうなケースは、このように多くある。

要は、親が離婚《りこん》しているかどうかではなくて、親が子を愛しているか、また愛情《あいじょう》表現《ひょうげん》をしているかどうかが、子どもの幸せの決め手のひとつになるのだと思う。

親が離婚《りこん》していない家庭でも、愛情《あいじょう》不足であれば、子どもは幸せな状態《じょうたい》とはいえない。もちろん、愛情《あいじょう》と過保護《かほご》をとりちがえるのは危険《きけん》だが（日本で大問題になっているモンスターペアレントがよい例だ）。

たとえ親が子どもを愛していても、態度《たいど》で表現《ひょうげん》できないのであれば、子どもには伝わらない。

「親子なんだから、たがいに愛情《あいじょう》があるに決まっている」という前提《ぜんてい》は、ちがうだろう。

いろんな意味で毒親《どくおや》も多いし、わが子を虐待《ぎゃくたい》し、死なせる親さえいる。

逆《ぎゃく》にスマホやゲームを買ってくれないというような理由で、親をなぐったり殺害《さつがい》する家庭内暴力《ぼうりょく》も世界中で起きている。

「親子だから愛しあっていてあたりまえ」ではない。

たがいに努力しないと、関係はあっというまにくずれてしまう。

6 悪夢《あくむ》の卒業試験と夏休みが長い理由

6-1 卒業試験三度目のボス

評判《ひょうばん》の良い中学校でも、留年《りゅうねん》する生徒はいる。

留年《りゅうねん》しなければ十三から十四歳《さい》で卒業するが、ある少年などは、三回目でやっと卒業試験をパスした。

「ボス」と呼《よ》ばれていた彼《かれ》が校門の前でタバコを吸《す》っていた姿《すがた》を、何度か見かけたことがある。

うっすらヒゲを生やし、身長も先生より高いため、最初は弟か妹を迎《むか》えにきたお兄ちゃんだと思っていた。

イタリアでは成人前の十六、七歳《さい》でタバコを吸《す》っていても、とがめられることは少ない。

この国では、成人していても公共の屋内ではタバコを吸《す》えない。禁煙《きんえん》の法律《ほうりつ》が制定《せいてい》されたのは、もう二十年以上前のことだ。商業施設《しせつ》、レストラン、カフェ、ファストフード店はもちろん、ナイトクラブやバーでさえ、きびしい分煙条件《ぶんえんじょうけん》を満たしている特殊《とくしゅ》なケースをのぞくと、全面禁煙《きんえん》である。

屋外でも、駅、バス停《てい》、学校などの公共の場では、おなじく禁煙《きんえん》だ。

そして意外にも、イタリア人というのは、ハチャメチャに見えてそうでもない。一旦規則《いったんきそく》が決まると、案外従《したが》うのである。レストランやカフェのトイレなどで、こっそり吸《す》っている人を見たことがない。

そんな状況《じょうきょう》だというのに、校門の近くで堂々《どうどう》とタバコを吸《す》っている「ボス」を見ながら、「学校の数センチ外側であれば、いいのだろうか」と、親たちは首を傾《かし》げたものだ。

ともかく、ボスは留年《りゅうねん》していることを気にしている様子はなく、むしろ開き直って堂々《どうどう》たるものだった。

6-2 ―― これが中学校の卒業試験だ！

卒業試験は全国統一《とういつ》試験と、学校ごとの試験の二種類から成っている。試験は二週間ぐらいつづく。

全国統一《とういつ》試験は、英語、数学、国語、そして第二外国語（フランス語、スペイン語、ドイツ語のどれか）の筆記試験だ。

全国統一《とういつ》試験が終わると、学校ごとの各教科の試験だ。筆記と口頭試問の両方ある。

「ああ、ゆううつだ。先生たち全員の前で話すなんて！」

卒業試験がせまってくると、杏奈《あんな》はよくため息をついた。

「中学と高校の卒業試験は、ストレスが多いよなあ。おとなになっても悪夢《あくむ》をみるひとがいるぐらいだ」

なんて、パパはちっともなぐさめにならない言葉をかけた。

「ほら、フルートのコンサートのときなんか、大勢《おおぜい》の人の前で吹《ふ》くでしょ？　あれにくらべれば、どうってことないよ」

わたしの言葉も、なぐさめになっていなかったかもしれない。

「いや、大勢《おおぜい》だと相手の目が見えないから、気にならないんだよ。十人とかだと、かえって視線《しせん》が気になっちゃう！」

卒業試験の口頭試問は、生徒一人対教師《きょうし》十人ほどで、まるで就職《しゅうしょく》の面接《めんせつ》のようなものを想像《そうぞう》してもらうといい。高校卒業試験になると、外部の先生も混《ま》じる。前にずらずらっと先生たちがならんで座《すわ》っている長いテーブルの前にひとり、ぽつねんとすわるのだ。赤面症《せきめんしょう》だった中学校時代のわたしなら、ゆでだこのように赤くなってしどろもどろになり、話せなかったにちがいない。

しかし、高校や大学では、口頭試問がますます重要になってくるので、このプレッシャーをなんとか克服《こくふく》する必要がある。

ここでは、各学科のさまざまな質疑応答《しつぎおうとう》がくり広げられる。

国語、数学、英語、第二外国語、科学、歴史《れきし》、地理、保健《ほけん》体育。

音楽や美術《びじゅつ》、技術《ぎじゅつ》では、プレゼンテーションが行われる。課題が決められている場合もあるし、自由なプレゼンテーションの場合もある。

例の氷の先生は、「あなたにとって理想的な住宅街《じゅうたくがい》の模型《もけい》を、百分の一スケールで作りなさい」という課題を出した。

杏奈《あんな》は、カッターでかんたんにカットできるバルサ材で家をたくさん作り厚《あつ》いボードに貼《は》って、それぞれの家の屋根などに太陽光パネルに見えるフィルムを貼《は》り、クリスマスツリーに使う電池式のミニライトを配線して、町の一角を作った。

美術《びじゅつ》は、中学校三年間の授業中《じゅぎょうちゅう》や遠足、修学《しゅうがく》旅行で描《えが》いた絵をつぎつぎに見せる作品集を作成し、プレゼンテーションをするという課題だった。杏奈《あんな》は大きな作品集を用意したのだが、その準備《じゅんび》に相当な時間がかかった。作品そのものもあるが、プレゼンテーションスキルも大事だ。

実はこのプレゼンテーションスキル、高校でも大学でも、社会人になっても重要である。見た目のインパクトがあること、わかりやすいこと、またそれをうまく口頭で説明し、説得力《せっとくりょく》があること。

音楽のプレゼンテーションは自由だった。歌ったり、リコーダーを吹《ふ》いたり、ギターを演奏《えんそう》する生徒もいたし、音楽理論《りろん》や音楽史《おんがくし》の研究のプレゼンテーションをする生徒もいた。

杏奈《あんな》は、フルートでプーランクの「フルートソナタ」という曲を吹《ふ》いた。一階の入口にいた用務員《ようむいん》さんが階段《かいだん》をかけ上がり、聴《き》きに来てくれたという温かいエピソードもあった。

話は脱線《だっせん》するが、彼《かれ》は名物の用務員《ようむいん》さんだった。ロングヘアを束ね（そういうヘアスタイルの用務員《ようむいん》さんなんて、日本なら考えられないだろうが）、いつもほほ笑《え》んでいて、生徒たちはなんでもこの人に相談していた。要は、学校の守り神だったのだ。

彼《かれ》はいつもじゃらじゃらした鍵《かぎ》の束を持ち、学校中のドアを開けたり閉《し》めたり、校舎《こうしゃ》に入る人をチェックしたり、遅刻《ちこく》した生徒の出欠帳にサインをしたり、具合の悪い生徒の親に連絡《れんらく》したり、来訪者《らいほうしゃ》に道を案内したりと、なんでも屋さんだった。

この中学校の思い出を卒業生たちが話すとき、話題に出るのは氷の先生と、学校でよくコンサートをオーガナイズしてくれた音楽の先生と、この用務員《ようむいん》さんだ。

さて、卒業試験の口頭試問は、教師《きょうし》の主観で採点《さいてん》されないよう、公平性《こうへいせい》のために公開式が鉄則《てっそく》である。傍聴席《ぼうちょうせき》まで用意されている。

夫はしっかりうしろの席にすわって、一部始終を傍聴《ぼうちょう》したらしい。わたしは急用で日本に行っていて、傍聴《ぼうちょう》できなかった。

杏奈《あんな》が無事に卒業試験をパスしたことを聞いて、東京でホッと胸《むね》をなでおろした。

6-3 ―― 長い長い夏休みの実態《じったい》

ヨーロッパはどこでもそういう傾向《けいこう》があるが、イタリアの学校の夏休みはとても長い。働く親にとって、大問題だ。

州によって少しずれるが、六月半ばぐらいに始まり、九月上旬《じょうじゅん》まで三か月近く夏休みがあるのだ。

そのおかげで、一年おきに杏奈《あんな》を日本に連れて行き、東京の公立小学校に一時入学をさせてもらったというメリットもあるが、両親が会社員の場合、こまってしまう。

よくあるのは、子どもが夏の数か月を海や山で祖父母《そふぼ》と過《す》ごし、仕事のある親は週末だけ会いに行くというパターンだ。

もしくは、子どもが市のサマースクールに参加する。スクールバスの送迎《そうげい》があるので、学校に行くのとあまり変わらない。ポニーに乗ったり、水遊びをしたり、絵を描《か》いたりして遊ぶのだ。たいてい午前中は夏休みの宿題をやらせてくれるので、親としては大変助かる。

夏休みが三か月もある理由なのだが、実は、補習《ほしゅう》を受けなければならない生徒たちがいるからなのだ。その子たちは、みんなが夏休みに入った後も、補習授業《ほしゅうじゅぎょう》を受ける。そして最後に追試を受ける。彼《かれ》らにとっての夏休みは、一か月もない。

また、最終学年の生徒たちにとっても、夏休みは一か月半ぐらいしかない。他の学年の生徒たちが夏休みに入った後、魔《ま》の卒業試験が待っているからだ。

その準備《じゅんび》、口頭試問の日程表《にっていひょう》の発表、試験の二週間、そして結果発表までざっと一か月強はあるのだ。

七月半ばに合否《ごうひ》がわかり、高校入学の最終手続きを経《へ》てやっと夏休みに入る。

7 ちょっと先のこと

7-1 ―― ちょっと高校のこと

イタリアの高校は通常《つうじょう》十四から十九歳《さい》の五年制《ねんせい》だ。杏奈《あんな》は十三歳《さい》から十八歳《さい》までの五年間をクラシック・リセで過《す》ごした。

杏奈《あんな》が高校ですばらしい先生たちにめぐまれたのは幸運だったが、音楽院との両立はおそろしく大変だった。実際《じっさい》、入学してすぐの保護者《ほごしゃ》面談の場で、担任《たんにん》の先生にも心配されてしまった。

「ぼくは長年ここで教師《きょうし》をやっていますがね。うちと音楽院を両立できた生徒はまれですよ。たいてい、どちらかをあきらめるしかないんです。最もきびしい学校をふたつかけ持ちだなんて、狂気《きょうき》の沙汰《さた》だと思いますよ」

「ええ、ですよね。いざとなったら、本人にどちらかを選ばせようかと」

そうとしかいえなかった。アドバイスはできるが、最終的には親が決める問題ではない。

しかし、見ているこっちのほうが苦しくなるぐらい、それはそれは大変な五年間だった。

「わたしには青春なんてなかった」と、のちに本人が語るほど、血と汗《あせ》の毎日だった。それが青春だったともいえるだろうが、映画《えいが》やアニメで見るようなものではなかった、ということらしい。

にもかかわらず、卒業後に「人生をやり直せるなら、もう一度この高校に入る？」と友だちに聞かれたとき、杏奈《あんな》は「もちろん！」と答えた。

他のみんなもそれぞれ大変だったはずなのに、同じ答えだったと杏奈《あんな》が教えてくれた。毎日勉強ばかりしていたはずなのに、やり直すならまたこの高校がいいとは、驚《おどろ》くべきことである。

評判《ひょうばん》通りのきびしさで、最初の一年で二十五人中二人が留年《りゅうねん》し、別の学校で一年生からやり直した。二年終了《しゅうりょう》時にもう一人が留年《りゅうねん》し、三年生で二人がイギリスに転校していった。

ジョルジアのお兄さんのクラスは、もっとすごかった。入学時は二十四人だったが、卒業時にはたったの十二人。生き延《の》びた十二人の結束は固かったようだ。

杏奈《あんな》たちのクラスは、良い先生たちにめぐまれた。同じ学年でも、担当《たんとう》の先生がちがうと、クラスの空気もまったくちがう。こうなると、「運」だ。

とくに、口は悪いが教えかたがうまい長身イケメンの数学・物理担当《たんとう》の先生。毎朝革《かわ》ジャンを肩《かた》にかついでさっそうと登場した。

みんなのおじいちゃんみたいな、温かい人柄《ひとがら》のラテン語とギリシャ古語の先生。

そして、これまた長身でエレガントな白髪《しらが》交じりの哲学《てつがく》の先生。

この三人は、男女を問わず生徒に大人気だった。

なぜ人気だったかというと、採点《さいてん》にはひどくきびしいが、授業《じゅぎょう》がおもしろかったそうなのだ。それぞれの科目で、情熱《じょうねつ》をこめて教えたという。

とくに数学・物理の先生は、教えるのがうまいだけではなかった。生徒たちを数学オリンピックに参加させたり、世界の名門大学の入試問題を解《と》かせたり、アメリ力のSAT試験を受けさせたりした。

それも、まるでゲームのようにワクワクさせてやらせたのだ。SAT試験は、ビジネススクールとして有名なミラノの私立《しりつ》ボッコーニ大学の入試の代わりに提出《ていしゅつ》できる書類の一つでもある。

オレは学歴主義《がくれきしゅぎ》ではない、とその先生は口ぐせのようにいっていた。

「だが、やりたい学問があるのなら、それをもっともよく教えてくれる大学へ行け。名門だろうがなんだろうが、文学が有名な大学で数学を学んでも意味がない。逆《ぎゃく》も同じだ。大学に行くだけが人生じゃないが、何をやっていいかわからんヤツは、とりあえず国立大に行け。時間稼《かせ》ぎだと思え！」

生徒たちの意見からすると、この先生は「数学や物理が好きになるような教え方をしてくれた」ということだ。

杏奈《あんな》はこの先生に出会い、数学が好きになった。先生は毎日、数学のおもしろさを熱っぽく語り、それまでつまらなく見えていた数学が一気にキラキラし出したのだ。

先生の力、恐《おそ》るべし。

スポーツ少女のアルディアは、この先生にほめてもらいたい一心で勉強し、国立大学では物理学を専攻《せんこう》した。交換留学《こうかんりゅうがく》でオランダの大学に行き、現在《げんざい》はオーストリアで博士号取得《はくしごうしゅとく》のためにがんばっている。アルディア曰《いわ》く、彼女《かのじょ》の運命を変えたのは、まぎれもなくこの数学の先生だったのだ。

この高校では、いじめがまったくなかった。

中学時代の氷の先生が話していた階級差別についても、心配するようなものではなかった。たしかに同じ階級同士《どうし》で仲良くなる傾向《けいこう》はあったかもしれないが、少なくとも、先生からの差別はなかったといっていい。

氷の先生の息子さんは、よほど運が悪かったのだろう。

7-2 ―― ちょっと大学のこと

イタリアの大学はほとんどが国立だ。医学部、歯学部、建築《けんちく》学部、デザイン学部、工学部、音大や美大などをのぞくと、入試はない（二〇二四年時点／私立《しりつ》はいずれも入試がある）。

ただ、入れたとしても、ストレートに卒業できる人は少ない。少し前まで、イタリアの大学で卒業できる人は三割《わり》ぐらいしかいなかった。改革《かいかく》が行われ、以前よりは卒業できる人が増《ふ》えたが、それでもまだむずかしい。

また、英国の名門・人気大学は、すべての学部の入試倍率《ばいりつ》が高く、入ってからもドロップアウトが多く、入るのも出るのもひと苦労だ。

「日本の大学生って、やれサークルだのバイトだの飲み会だのと楽しそうにしていて、うらやましい！　うちの大学なんて、バイトする時間さえない！」

と、杏奈《あんな》がなげいたことがある。

杏奈《あんな》は英国ロンドンの大学に進学した。英国など欧州《おうしゅう》の大学の学士課程《がくしかてい》は通常《つうじょう》三年制《ねんせい》だ。高校卒業までの就学《しゅうがく》年数が日本より一年長い（スコットランドを除《のぞ》く）ことがベースになっているようだ。夏休みはものすごく長い。そのかわりすごい詰《つ》め込《こ》みで（大学にもよるだろうが）、遊ぶ時間はないらしい。

なぜロンドンだったかというと、杏奈《あんな》は高校時代に修学《しゅうがく》旅行で英国に行き、ロンドンが気に入ったのだ。修学《しゅうがく》旅行から帰って来るなり、杏奈《あんな》はほおを紅潮《こうちょう》させてこういった。

「ロンドンは外国人だらけで、だれにもじろじろ見られない。雨ばかりだし、食べ物はおいしくないけど、とても居心地《いごこち》が良かったんだ。やっと、透明《とうめい》人間になれたよ！」

うれしそうな杏奈《あんな》の顔を見て、なるほど、ロンドンの大学に行くのもいいかもしれないと思った。

ちょうどわたしが大病をしていたときだったので、いっそ母のいない世界になれてもらうほうがいいかもしれないと考えたことも、留学《りゅうがく》を勧《すす》める理由になった。杏《あん》奈《な》や夫と話し合いを重ねた。

「じゃあ、ロンドンの大学をめざしてみる？」

「うん！　でも、奨学金《しょうがくきん》（給付型《がた》のこと。日本の貸与型奨学金《たいよがたしょうがくきん》は、学生ローンと呼《よ》ばれる）をもらえたとしても全額《ぜんがく》じゃないらしいし、本当に価値《かち》のある大学にしないと意味ないよね」

「そうね。そうじゃなきゃ、イタリアの大学のほうがいいもんね。でも、外国で暮《く》らしてみるのは良い経験《けいけん》になるよ」

杏奈《あんな》は「あと二年だから音楽院は卒業するけど、フルートは趣味《しゅみ》にする」と宣言《せんげん》し、ロンドンではまったくちがうことを勉強したいが「何学部にしたらいいか」から悩《なや》みはじめた。

調べていくうちに、たとえ名門大学であっても就職率《しゅうしょくりつ》が低い学部も多いことがわかって、杏奈《あんな》は青ざめていた。

「うーん、美術《びじゅつ》や考古学が好きだけど、就職《しゅうしょく》できそうな学部にする。環境《かんきょう》や都市にも興味《きょうみ》あるし」

という、やや消極的な理由で建築《けんちく》学部の都市計画を選んだのだった。わたしは、「なんとかなるから、本当に好きなことをやれ」と何度もいったが、夫やベルギーのおばちゃんは「美術《びじゅつ》や考古学」には反対だった。

杏奈《あんな》はそれで尻込《しりご》みしたのかもしれない。あるいは、親の苦労を反面教師《はんめんきょうし》にしたのかもしれない。それとも、リスクを負ってもいいほど好きなことがなかったのかもしれない。

ちょうどそのころ、杏奈《あんな》の高校の先輩《せんぱい》が、卒業前に生徒会で演説《えんぜつ》をした。

「みんな安全な道を選びたがるけど、本当にやりたいことをやればいい。オレは演《えん》劇《げき》をやる。野たれ死ぬ覚悟《かくご》でやればいいだけだ」

それを聞いて杏奈《あんな》は感動したらしいが、ため息もついた。

「でもさ、あの先輩《せんぱい》、ものすごいお金持ちの家の一人息子なんだよ。そういう人は自由気ままなことをいうけど、みんながそんな考えにはなれないよ」

先行きが見えない道を行きたくない。

リスクを負ってまでやりたいほどのことがない。

これは多くの人が抱《かか》える悩《なや》みなのではないだろうか。

とにかく、杏奈《あんな》には、ロンドンの大学に入るという目標ができた。

こうして四年生のおわりに留学《りゅうがく》作戦を開始した。勉強するのは杏奈《あんな》で、わたしは費用《ひよう》集めだ。

米国の有名大学のほとんどは私立《しりつ》で学費《がくひ》がとんでもなく高いが、英国の有名大学はいずれも国立だ。

あれこれ調べ、生活費《せいかつひ》の一部にあてる給付型奨学金《きゅうふがたしょうがくきん》や学費《がくひ》のための学生ローン、預金《よきん》を合わせれば、うちのギリギリ財政《ざいせい》でもなんとかなりそうな見通しが出てきた。あとは、杏奈《あんな》ががんばって受かるのみ。

その秋、杏奈《あんな》は五年生になり、ロンドンの国立大学のいくつかに願書を出し、受験勉強を始めた。決め手となるのは筆記試験だけではなく、高校卒業試験の成績《せいせき》(願書では見込《みこ》み成績《せいせき》、入学手続き時には卒業時の確定成績《かくていせいせき》)と、英語検定《けんてい》IELTS七・五以上、入学希望動機のエッセイ、そして面接《めんせつ》だ。

筆記試験やオンライン面接《めんせつ》を数回やって、ロンドンの大学は条件付《じょうけんつ》き合格《ごうかく》をくれた。高校卒業時の成績次第《せいせきしだい》では不合格《ふごうかく》になる。

こうして杏奈《あんな》は、翌年《よくとし》の夏に魔《ま》の卒業試験を受けて高校を卒業し、クラスメイトが卒業旅行で楽しんでいるあいだにフルートの猛《もう》特訓をして九月には卒業試験を受けて、音楽院も卒業した。そしてあわただしくも、十月には第一志望《しぼう》の大学に入学するためロンドンに引《ひ》っ越《こ》した。

最初こそホームシックでメソメソしていたらしいが、あっというまにロンドンっ子になり、水を得《え》た魚のようだった。人種のるつぼで、透明人間《とうめいにんげん》になれたのだから！

このころは、まさかわたしが数年後に大病から回復《かいふく》してしまうとは、想像《そうぞう》できなかった。てっきり、娘《むすめ》の大学卒業を見届《みとど》けられないと、かなり悲観的に考えていたのだ。

杏奈《あんな》が卒業後に東京のインターンシップに参加し、そのまま就職《しゅうしょく》することも、予想外だった。ロンドンに永住《えいじゅう》するのかと思っていた。

しかし、杏奈《あんな》が大学在学中《ざいがくちゅう》に英国がEUから離脱《りだつ》し、EU加盟国《かめいこく》の人への風当たりが強くなったことが大きく影響《えいきょう》した。やっと透明《とうめい》人間になれたものの、途中《とちゅう》からやはり自分の居場所《いばしょ》ではないと実感したのだという。

それで杏奈《あんな》は、何度も夏を過《す》ごした東京に住んでみたいと思い、オンライン面接《めんせつ》を受けたのだった。

杏奈《あんな》は、電車のなかではじろじろ見られることがあっても、就職先《しゅうしょくさき》の会社のなかにはうまく溶《と》け込《こ》んだ。

郷《ごう》に入っては郷《ごう》に従《したが》えと教育したし、もともと控《ひか》えめな性格《せいかく》だったことが良かったらしい。それに、日本人的な服装《ふくそう》をし、日本人的なメイクをして透明《とうめい》人間になるという技《わざ》も身につけたようだ。

それなりに残業はあったが、他にも外国人やミックスの人が数人いたし、差別やパワハラのない恵《めぐ》まれた仕事環境《かんきょう》だった。

だが、一年も経《た》たずしてコロナ禍《か》になり、完全リモートワークになった。マンションの小さな一部屋に閉《と》じこもって仕事をしていたら、遠い家族や親友たち、イタリアの文化や食事が恋《こい》しくなり、帰りたいと思いはじめたようだ。

とはいえ、大好きになった東京を去ってイタリアにもどる決心は、なかなかつかなかったらしく、杏奈《あんな》は合計五年ほど東京に住んだ。

その杏奈《あんな》がついに決心をして会社を辞《や》め、八年ぶりにまたイタリアで暮《く》らしはじめるなどということは、まったく予測《よそく》できなかった。

人生、なにがどうなるか、先のことはわからないものだ。

7-3 ―― ちょっと仕事のこと

杏奈《あんな》のクラスメイトのところでも書いたが、イタリアの大学の場合、世帯収入《しゅうにゅう》別で、貧困《ひんこん》家庭の生徒は、学費《がくひ》も学食もすべて無料になる。学ぶ権利《けんり》は、すべての子どもにあるのだ。ただ、進学の自由は権利《けんり》として持てるべきだが、全員が大学に行く必要はないと思う。

それぞれの人が活躍《かつやく》できる道があるはずだ。それは職人《しょくにん》の道かもしれない。スポーツ選手の道かもしれない。シェフや芸術家《げいじゅつか》、店員、プロゲーマー、インフルエンサーなど、いろいろな道がある。

日本のある友人は、高校卒業後に下働きでスキルを身につけ、今では有名な音響《おんきょう》エンジニア・音楽家になっている。

また、ある人は、名門大学を卒業し経済学《けいざいがく》の修士《しゅうし》まで取得《しゅとく》したが、今はオーダーメイドの靴職人《くつしょくにん》として、東京で自分の店を構《かま》えている。

日本の場合、大学に行かずに司法試験に受かり弁護士《べんごし》になる人もいる。

この人たちは、ふつうとはちがう方法で、自ら選んだ道を信じてつき進んだ。こういった道を行くのは大変にちがいないが、自由には苦労とリスクが必ずつくものだ。

二〇二二年秋以来、ＡＩの急激《きゅうげき》な進化により、今まで需要《じゅよう》が高いといわれていたＩＴエンジニア、プログラマーなどの仕事にも突然影《とつぜんかげ》がさした。ＡＩがＡＩをプログラミングするようになってきたため、必要とされる人材は少数になってしまったのだ。

実際《じっさい》、米国の大手ＩＴ企業《きぎょう》が多数のエンジニアを解雇《かいこ》したり、ドイツ大手出版社《しゅっぱんしゃ》が記事をＡＩに書かせ記者のほとんどを解雇《かいこ》する計画など、ＡＩ化が進んでいる。

すでにパラリーガルや医療診断《いりょうしんだん》、外科手術《げかしゅじゅつ》などでも、ＡＩやロボットが活躍《かつやく》している。タクシードライバーは自動運転に置きかわるだろうし、事務翻訳《じむほんやく》の仕事は減《へ》り、ホテルの受付なども無人ＡＩ式に変わりつつある。コンビニやファストフード店も自動化され、人が必要とされる場が減《へ》ってきた。

さて、どうすればいいのだろう。

専門家《せんもんか》ですら、予想が外れる時代、われわれ非専門家《ひせんもんか》があれこれ考えても、ムダかもしれない。

しかし、どの時代にも、技術革新《ぎじゅつかくしん》が起きるたびに消えていく職業《しょくぎょう》はあった。様々《さまざま》な情報《じょうほう》を入手し、考えることは重要だ。海外のさまざまなメディアの情報《じょうほう》も入手するべきだ。そして真意を自分でよく考える。与《あた》えられた情報《じょうほう》が正しいのかどうか、精査《せいさ》しなければならない。さまざまなオンラインツールが、それを可能《かのう》にしている時代なのだから。

時代が刻々《こっこく》と変化していくなか、将来《しょうらい》なにをすればいいのか。

バイリンガルの話同様、結局は「好きこそものの上手《じょうず》なれ」だと思う。

もちろん、好きだからという理由で進路を決めたとしても、うまくいくとは限《かぎ》らない。むしろ、うまくいかない確率《かくりつ》のほうが高いかもしれない。

この三年ほど、小学生がなりたい職業《しょくぎょう》ランキングでユーチューバーが連続トップだったというが、あるネットマガジンで、急激《きゅうげき》な減益《げんえき》で困《こま》っているという有名なユーチューバーのインタビュー記事を読んだ。彼《かれ》に限《かぎ》らず、いろんなユーチューバーに同じような現象《げんしょう》が起きているという。

新しいソーシャルネットワークがつぎつぎに生まれ、流行《はや》り、消えていく。バッと短期間で流行《はや》るものは、廃《すた》れるのも早いものらしい。

未来社会を見極めるのはむずかしい。

さまざまな研究機関が未来予測《みらいよそく》をしても、当たらないことが多いという。それぐらい、むずかしいのだ。

ならば、「いざとなったら軌道修正《きどうしゅうせい》するフレキシブル性《せい》を備《そな》えた」上で、やはり自分で選ぶべきなのではないかと思う。

やりたくもないことを「みんながやるからやった」とか「親や先生にいわれたからそうした」のに、いざ大人になってみたらその職業《しょくぎょう》はもう存在《そんざい》していないなんてことになったら、くやしすぎるだろう。

様々《さまざま》なことがハイスピードで変化している現在《げんざい》、まっすぐで先が丸見えの安全な道、なんてものはないと思う。大企業《だいきぎょう》ですら、ある日突然《とつぜん》なくなるかもしれない時代なのだ。

東京の友人の息子さんは、せっかく国家公務員《こっかこうむいん》になれたのに、数年であっさりやめてしまった。本人いわく「親の強い希望で国家公務員《こっかこうむいん》になったんですが、やはり向いていなかったんですよ」。友人は嘆《なげ》いていたが、息子さんは今、スタートアップ企業《きぎょう》で生き生きと仕事をしている。

逆《ぎゃく》のパターンもある。

高校時代の友人は、フリーランスとして長年がんばっていたが、危《あぶ》ない橋をわたり続ける気力と体力がなくなり、つかれてしまったようだ。一度病気をしたことも影響《えいきょう》しているかもしれない。それで、五十代になってから大手企業《きぎょう》に就職《しゅうしょく》した。持ち前の営業《えいぎょう》スキルを買われてのことらしいが、五十代で社員になれる人は少ない。ましてや女性《じょせい》の場合、ますますハードルが高い。フリーランスは、病気をすれば収入《しゅうにゅう》がなくなるが、いまは会社から守られていて安心だという。

ある知人は、定年したら、昔からやりたかったことがあるという。「地方公務員《ちほうこうむいん》は本当にやりたいことじゃなかったけれど、おかげで生活に困《こま》らなかった。定年後を夢見《ゆめみ》ることで、いまの退屈《たいくつ》な仕事もきちんとこなせるんだよ」と、うれしそうに話してくれた。定年後また大学に入り、本当に学びたかったことを学ぶらしい。すてきな夢《ゆめ》だ。

いろんな生き方がある。自分にとってどれが正解《せいかい》かは、死ぬときまでおそらくわからない。いや、おそらく死ぬときにもわからない。ちがう人生を歩んでみることはできないのだから。ただ、後悔《こうかい》するかしないか、のちがいはあるだろう。

夢《ゆめ》や希望をもっていないと、いまの生活に耐《た》えられなくなってしまう人は多いのではないだろうか。

どの道に進んでも、おそらくうねうねと曲がり、さらにアップダウンもある。先はちっとも見えないし、へたをすると、濃霧《のうむ》で視界《しかい》は最悪だろう。

それでも、自分で選んだ道ならば、そろそろと進めるはずだ。

困難《こんなん》にぶつかるたびに、休憩所《きゅうけいじょ》を見つけて解決策《かいけつさく》を考える。

なんなら、道を変えたっていい。夢《ゆめ》や目標は、ある時点ではひとつに絞《しぼ》ったほうが能力《のうりょく》を集中できていいが、先に進んでいくにつれて変わっていくこともある。人生は長いのだから、そんなことも起きるだろう。

わたしなど、夢《ゆめ》を追いかけてはるばるイタリアまで来て、長年デザインをしながらデザイン誌《し》のライターをやっていたのに、物語を書きはじめた。今は執筆《しっぴつ》一本に絞《しぼ》っている。自分の気持ちに正直に動いていた結果、いつのまにかそうなっていたのだ。

好きなことをしているので、苦労はするが、なんとか耐《た》えられる。

もしだれかに強制《きょうせい》されたことなら、とっくに放りだしているだろう。どの道に行っても、たいていは実より苦労の方が多いのだから。

自分で選んだ道には責任《せきにん》がつきまとう。いい訳《わけ》ができない。

それは代償《だいしょう》ともいえる。

あとで失敗したときに「それ見たことか」などといわれて、くやしいかもしれない。しかし、もし本気でやってみたのなら、途中《とちゅう》で道を変えたり、軌道修正《きどうしゅうせい》したりしても、後悔《こうかい》はしないはずだ。

生きてさえいれば、きっとなんとかなる。

そして、アップダウンのはげしいうねうね道を行ってみよう。

おわりに

今思えば、若《わか》いころに苦い経験《けいけん》をたくさんしたことは、宝《たから》です。順調な人生で幸せだったら、わたしはおそらく文章を書きたいとは思わなかったでしょう。

物語を書きたい欲望《よくぼう》というのは、腹《はら》の底からふき出してくるものだと思うのです。物書きにとって、苦労や悲しみは糧《かて》になります。

もしあなたが今、悩《なや》みを抱《かか》えているのだとしたら、ぜひ書いてみてほしいです。将来《しょうらい》作家になるとかならないとか、そういう重い目標はとりあえずいりません。書きたいから書くのであって、作家になりたいから書くのでは、本末転倒《ほんまつてんとう》です。

ただ心の中のモヤモヤや怒《いか》り、苦しさを文章にぶつけるためでもいいから、書いてみてください。書けば、自分の考えがはっきりしてきます。怒《いか》りも少し静まります。

エッセイでもいいし、いやなやつをコテンパンにやっつける物語でもいいのです。

わたしなど、パワハラをしてきた大きらいな教師《きょうし》のことをアレンジして、『スーパーキッズ』に登場させました。物語の中でも、蹴《け》りとばしたくなるほどいやな教《きょう》師《し》です。


書いたあと、すっきりしたのはいうまでもありませんし、読んでくれた同級生たちから拍手《はくしゅ》が来ました。みんなも大きらいな教師《きょうし》でしたからね。

心の中にためていることを文章にぶつける。

それを続けてみてください。

あなたが文章を書く仕事につかなくても（将来《しょうらい》は、ライターだけでなく作家もAIに仕事を奪《うば》われているかもしれない）、書くことは、心理カウンセリングを受ける代わりだと思って書いてみるのもいいのではないでしょうか。

大切なのは、とにかく生きのびること。

このむずかしい時代を、書いて毒《どく》を吐《は》きだしつつなんとか生きのびて、年齢《ねんれい》を重ねてから振《ふ》り返ってほしいのです。

ああ、書いていて良かった。そう思う日が来るはずです。

大人になった杏奈《あんな》も、よく文章を書きます。絵も描《か》きます。写真や動画も撮《と》ります。そうやって、自分の中にたまっているモヤモヤや感動を表現《ひょうげん》しているのでしょう。

差別やアイデンティティの問題を抱《かか》え、それなりに悩《なや》むことの多かった十代を過《す》ぎて、今の杏奈《あんな》は、なにかから解《と》きはなたれたようにスッキリした顔つきをしています。

杏奈《あんな》は、ロンドン、東京を経《へ》て、この春からイタリアのトスカーナ州にもどってきました。伊日英《いにちえい》のトライリンガルであることや社会人経験《けいけん》で積んだスキルを生かした仕事をしつつ、クリエイティブワークもしています。

幼《おさな》なじみのステッラは、環境《かんきょう》関係の修士《しゅうし》課程《かてい》を終えて、動物の生態《せいたい》を調べる仕事をしています。森のなかで動物たちの足跡《あしあと》やフンを調べてデータ化する仕事です。

杏奈《あんな》とステッラは今でも大親友です。

遠く離《はな》れていた八年間を経《へ》て、二人は今同じトスカーナ州でそれぞれの仕事をしています。

　おたがいに恋人《こいびと》もいて、仕事もいそがしいですが、ときどき会うようです。フルートとクラリネットの二《に》重奏《じゅうそう》をしたり、昔のようにパジャマパーティをしたり、プールに行ったり。

　あのころの二人は、よく夢《ゆめ》の話をしていました。空を飛びたい。あれがしたい、これがしたい。

　すてきなのは、今でもよく二人で夢《ゆめ》の話をしているらしいこと。

そしてその夢《ゆめ》が、少しずつ、現実《げんじつ》になりつつあること。

大人になったとき、あなたはなにをしているでしょうね。
今は想像《そうぞう》すらできない、新しい職業《しょくぎょう》についているかもしれません。
土をたがやして、自給自足の充実《じゅうじつ》した生活を送っているかもしれません。
もう書く必要がないぐらい、幸せな毎日を送っているかもしれません。
大人になっても、夢《ゆめ》（希望）を持ちつづけているでしょうか。

どうかそうなりますように！

佐藤まどか（さとう・まどか）

東京都出身。『水色の足ひれ』（第22回ニッサン童話と絵本のグランプリ童話大賞・BL出版）で作家デビュー。『月にトンジル』（あかね書房）、『一〇五度』『アドリブ』（第60回日本児童文学者協会賞）『ノクツドウライオウ』（以上あすなろ書房）、『うちのキチント星人』（フレーベル館）、『スネークダンス』（2022年ホワイト・レイブンズ選定・小学館）、『雨の日が好きな人』（講談社）など多数。イタリア在住。

絵　酒井以
装丁　喜來詩織（エントツ）
校正　有限会社シーモア

キミの一歩 イタリア
夢につながるうねうね道

2025年1月　初版
2025年8月　2刷

文　佐藤まどか
絵　酒井以
発行者　岡本光晴
発行所　株式会社あかね書房
〒101-0065
東京都千代田区西神田3-2-1
電話　営業（03）3263-0641
　　　編集（03）3263-0644
印刷　中央精版印刷株式会社
製本　株式会社難波製本

NDC914　179ページ　19cm×13cm

ISBN978-4-251-09641-8
落丁・乱丁本はお取りかえします。定価はカバーに表示してあります。
https://www.akaneshobo.co.jp